超説服心理學

99%の人が動く!
「伝え方」で困らない心理テクニック

神岡真司 著 楊孟芳 譯

改變「說話方法」，99%的人都會聽你的！

懂得運用「語言的力量」，做什麼都順利

我們的生活其實都是由一連串「溝通交涉」所組成的。因此說話技巧差的人，會比較容易累積壓力。

例1

先生：「今天覺得特別渴，幫我從冰箱拿罐啤酒吧。」（拜託）

太太：「你沒看到我在煮飯嗎？沒空幫你，你自己去拿！」（拒絕）

例2

下屬：「部長，請問下午的會議，我一定要參加嗎？」（試探）

主管：「廢話！這可是很重要的全體會議，連董事長都親自參加。」（拒絕）

表達技巧好的人會這樣說：

先生：「這道菜真是太好吃了！跟啤酒一定很搭，可以幫我拿罐啤酒來嗎？」

下屬：「部長，S公司的人說馬上要過來，好像會跟下午會議的時間撞在一起……」

只要改變說法，就能產生不同的結果。太太也許會滿臉笑容地幫你拿啤酒；而主管會說：「沒辦法，只好以S公司為優先。」讓你順利躲過枯燥乏味的全體會議。

”三個重點，說對話就能扭轉局勢

不管是哪一種情形，所用的表達方式都是**把自己的要求及願望用言語巧妙地包裝，將焦點放在對方的立場、心情及想法，才能成功影響對方。**

只是表達方式不同，就能決定你的要求和願望是否能達成。這是因為交涉這件事，就等於是言語創造的「突破力」。因此，從日常生活中的「順手幫忙」，到大場面的「重要協商」，表達技巧越高明的人，人生的收穫越大。

要提升表達能力，必須要掌握下列三個重點：

❶ 一開始就訂立明確的實現目標。

❷ 聚焦在對方的想法與心情上，思考可實現目標的方法。

❸ 執行最有效的戰略與戰術。

本書準備了各種模擬情況，來幫助大家熟悉這三個重點。

很多人想要加強自己的說話技巧，但都只顧著收集學術上的方法論。表達方法的好壞與否，既非與生俱來的才能，也不是憑直覺、個性等個人特質而定。全憑「這種情形該這樣處理」、「遇到那種人該那樣應付」的經驗多寡來決定。

不必實際經歷每種場面，只要多看一點模擬情況，就能累積你的經驗值，並且反射性地做出正確判斷，輕鬆解決各種狀況。

溝通交涉是一項只靠「語言」就能讓弱者戰勝強者的智力遊戲。因為單憑一句話，就能打開僵局，扭轉不利的情勢。如果只是一味自怨自艾，認為自己「不擅長說話」、「討厭與人交涉」，那你永遠都無法擺脫這種壓力。想要擁有充滿自信的人生，請立志成為「說話達人」！

神岡真司

Contents

目錄

Chapter 1

初次見面就能「瞬間」抓住對方的心

製造好感的12個心理技巧

Chapter

2

操控他人行動的12種催眠話術

關鍵時刻，「說對話」比埋頭努力更重要

Chapter 3

洞悉超說服心理學，99%的人都會聽你的

如魚得水的10種職場應對方法

Chapter

4

看穿人心的8種心理戰術

「高超發問術」不著痕跡改變他人想法

Chapter

5

化解人際壓力的8個處世策略

不傷和氣，又能「加倍奉還」的反擊話術

Chapter

1

製造好感的 12 個心理技巧

初次見面就能「瞬間」抓住對方的心

「說謝謝」能迅速取悅情緒化的人

【表達感謝的技巧】

說「謝謝」就是肯定對方，讓人打從心底喜歡你

想成為「說話達人」，有些講話的方法一定要學會，那就是「謝謝」、「謝謝您」等表達感激的方法。

例1 「今天下雨還麻煩您，不好意思。」

「今天下雨還麻煩您，謝謝您了。」

例2 「上次的事，真抱歉。」

「上次的事，真謝謝您。」

例3 「讓您提供寶貴的意見，實在過意不去。」

「十分感謝您提供寶貴的意見。」

前後比比看就知道，第二種說法讓人感覺更有誠意。

用來寒暄的社交用語有很多種，盡量直率地使用「感謝話」，對方會對你有比較正面的印象。因為當有人感謝你的時候，你一定會覺得開心。只要想到自己的態度、言行舉止等自我存在全都獲得肯定、被對方接納，大腦就會受到刺激產生「愉悅感」。

用「謝謝」激發好感，意見絕不再被打槍

所有的社交用語中，最能讓人產生愉悅感的就是「感謝的話」。可是，最令人感到害臊難以說出口的，也是感謝的話。

心裡沒有真誠覺得感謝，嘴巴上卻要這樣講，令人很難為情——這樣想就等於是封印了好用的「魔法力量」。很多人在信件一開頭會寫「承蒙您平日的照顧」，此時**只要稍微做點改變，把句子寫成「感謝您平日的照顧」，就能大幅提升對方對你的印象。**

如果溝通的時候，對方總是處在正面的心理狀態，那交涉起來就很輕鬆。你爽快地

提案，大家一邊閒聊一邊交換意見，談笑之間生意就談好了。可惜實際上，對方多少都會受到當下的心情影響。

對方看起來心情不太好、不知為何很焦躁、一直氣沖沖的……，在面對這種無從下手的對手時，最有效的方法就是使用「感謝的話」。

例4

對方：「什麼，又是你！你又來了！我不是跟你說過我們不需要嗎？」

回話：「謝謝您，因為我正好路過附近，所以就很開心地來拜訪您。」

對方：「你這人怎麼這麼煩？你不要再來了！去別家啦、去找別人！」

「感謝話」能融化對方的心！

提問時「限定選項」，逼使對方做出選擇

【雙重束縛技巧】

在無形中強迫對方選擇，讓人無法說「不」

要求或拜託人做對他沒有好處的事，被拒絕的可能性很高。

例1

A：「能不能先借我一萬塊？後天發薪水我馬上就還你。」（拜託）

B：「不好意思，最近我手頭也很緊……。」（拒絕）

這時，只要強調好處，就會出現不同的結果：

例2

A：「能不能先借我一萬元？後天發薪水我還你一萬三。」（拜託）

B：「哇！這利息很高耶！當真？這樣的話我可以借你。」（答應）

此外，只用壞處就想強迫對方接受時，還可以使用這種拜託法：

例3

A：「喂！你要捐助我三千元，還是要借我一萬元撐到發薪日？」

B：「唉，你沒別人可拜託嗎？沒辦法，我借你一萬塊，你一定要還我唷！」

這是利用「雙重束縛」的拜託法。B其實既不想給A三千元，也不想借A一萬元。可是為了顧及彼此的交情，他選擇借A錢。

也就是說，B大可兩個都拒絕，但**強迫他從兩個不利的條件二選一時，不可思議的事就會發生，他會去選擇對他壞處較少的那一個。**這是因為社會規範的基礎觀念——不可讓自己與朋友或同事的人際關係破裂，會變成一種「束縛」，讓人無法狠下心拒絕。

「非選一個不可」的聰明問話術，輕鬆說服各種人

要拜託或要求對方做對他沒有好處的事時，運用這種雙重束縛的方法，出乎意料地能簡單說動對方。尤其提出要求時「出其不意」，不給對方思考的時間，馬上就有超乎預期的效果產生。這是因為被人攻其不備，大腦在瞬間無法出現「NO」選項的緣故。

例4

主管：「你想調到子公司？還是外調到外地辦事處？」

下屬：「子公司？那可不行，請讓我外調。」

例5

男生：「聽說新開的義大利餐廳很好吃，妳要星期四還是星期五去？」

女生：「嗯……星期四的話，可能抽得出時間。」

例6

算命師：「你要每個月回鄉下去掃墓呢？還是要在家供奉這座寶塔，每天拜拜？如果你不選一項做，厄運就會持續下去，家裡有人會遭遇不幸！」

客人：「那、那我跟你買這座寶塔，三十萬對吧？」

例7

店員：「A跟B這兩種產品，哪一種功能對您比較有用？」

客人：「感覺好像B比較有用。」

店員：「B的話，現在可以給您九折的特別優惠，那我先幫您把B包起來吧！」

客人：「嗯，聽起來挺不錯的，那就麻煩你幫我包起來。」

因為雙重束縛的提問法不能回答「YES」或「NO」，所以一時不察就會選擇其中一個。**越是認真想要回答的人，他們反而說不出「我兩個都不要」，只好選其中一個選項。**「非選一個不可」這種想法本身是有問題的，但大腦就是會突然一片混亂，開始想「嗯……該選哪一個？」糊里糊塗做出決定，這在心理學上稱為「錯誤的前提暗示」。

正面資訊留到「最後說」，說服力立刻增加

【框架技巧】

表達方式不一樣，聽眾的想法也會跟著改變

即使是在說明同一件事，表達方法不同，聆聽者得到的印象也會不同：

例1

「這項計畫成功的機率有七〇％」↓聽了就覺得很可靠。

「這項計畫失敗的機率有三〇％」↓開始思考該怎麼辦才好。

例2

「二十四小時之內回覆您」↓給人很迅速的印象。

「查了之後，明天之前回覆您」↓給人的印象普通。

例3

「如果世界是一個一百人的村莊，其中有五十五人是亞洲人」↓簡明易懂。

「七十一億的世界人口中，亞洲人占了三十九億」↓很難理解。

例4 **「凡購買商品者，每五十位就有一位可將商品免費帶回家」**↓吸引力大。

「購買商品者，有二%的人可免費將商品帶走！」↓吸引力小。

例5 **「十個接受這項手術的人，有九個得救」**↓會讓你想嘗試手術。

「這項手術的死亡率為一〇%」↓你可能就不想動手術了。

前述例子都是思考的框架改變，連帶影響了行動。這種手法叫做「框架技巧」。**在開會時想讓更多人贊成你的意見或想擊潰他人的觀點，用這種說話技巧會非常方便。**只要善用正面印象，支持者就會增加；而想要推翻對方的主張時，強調負面印象即可。

正面的「換句話說」，能得到更多人支持

但是在開會時，不管你如何極力主張「這項計畫的成功機率高達七〇%」，還是會有反對者潑冷水：「這也表示失敗機率有三〇%吧？」如此一來，在場的人就會突然清醒，發現「他說得沒錯，有三〇%的風險」。為避免這種情形發生，我們要將「報喜不報憂的片面表示法」，預先改為「喜跟憂都報的兩面表示法」。

例6 「的確如您所言，這項計畫有三〇％的風險會失敗，但比起失敗風險的三〇％來說，七〇％的成功率更高，所以我們應該向七〇％的可能性挑戰，這才是一家創投企業應有的精神不是嗎？」

只要像這樣，用重複敘述一次的方式，將負面的事調到前面來講，之後再接著講正面的事，逐步推論下去即可。如此一來，聽眾的思緒就會被洗腦成正面的。因為**「排列位置效應」（也稱親近效應）會發揮作用，讓後來才出現的正面資訊（成功率七〇％），清楚地留在人的記憶裡。**

例7 「她雖是美女，但個性不好」這樣說她的形象就變成負面的。

「她雖然個性不好，但是個美女」形象就會變成正面的。

也就是說，在使用雙面表示法時，**重要的是「正面資訊」一定要晚一點說。**相反地，如果想灌輸負面的印象，那負面資訊就得要留到最後再說。

在求職面試時，與其一直解釋：「我對貴公司這份工作的熱忱，從多益考試的成績是看不出來的。」倒不如跟考官說：「比起多益考試的成績，請看看我對貴公司這份工作的熱忱。」反而能有好印象，也更有說服力。

借用上位者的稱讚，讓愛抱怨的人閉嘴

【假借權威名義，提高工作動機】

愛抱怨的人其實是想得到認可、想被誇獎

不管是哪個職場，一定都會有憤世嫉俗的人：

「主管老是叫我做雜事，把別人不想做的都推給我做。」

這種人常常滿腹牢騷，想做「更有意義」的工作。他們只要一有機會就會跟主管抱怨、吐苦水，弄得主管耳根不清靜，內心也不平靜。因為這類下屬不討人喜歡，所以主管總想威嚇、欺負他，好讓他閉嘴，但反而會造成反效果。

例1

下屬：「課長，您又要叫我做這種雜事嗎？」

主管：「什麼叫雜事？你以為你是誰？公司的工作沒有一件是雜事。」

下屬：「我進公司已經三年了，就算沒有新人進來，您也不能一直把我當新人用啊，實在很令人厭煩。」

主管：「這是沒辦法的事，因為公司人手不夠。」

下屬：「請您站在我的立場想一下！」

主管：「你那是什麼態度？你要違抗上級的命令嗎？」

下屬會感到不滿，全是因為他們的「肯定需求」沒有獲得滿足。所謂的「肯定需求」，是一種「想被認可、想被誇獎」的本能願望。工作大部分都是雜事，會被認為「做得好是理所當然」，所以工作就變得無趣了。這樣下去，只會越來越想離職。自以為一定有更符合自己能力的工作，也是部分的原因。

❞想讓部屬更努力工作，你可以這樣做

滿足下屬的肯定需求，提高他們工作動機，是主管的責任。主管必須要對下屬進行有技巧的「精神喊話」，讓下屬對工作產生幹勁。

「雖然這對你來說，有點大材小用，希望你能以平常的優秀表現將它完成。」

「部長也很高興，誇你做事很仔細，如果是我，一定會被罵說很草率。」

「老是麻煩你，謝謝啦！如果沒有你，我真的忙不過來。」

如果沒事就隨便誇獎下屬，他們會過於自滿，所以記得要選下屬感到沮喪的時候，若無其事地為他注入工作能量：**讚美他實際的工作表現、誇他工作表現比自己好、感謝幸好有他在。**要學習從不同角度自然地誇獎，不要都是千篇一律的讚美。

例2

主管：「對了，你認識我們公司的林董嗎？」

下屬：「不認識，我怎麼可能會認識那麼高層的人。」

主管：「那就怪了，今天開會要回來時，林董突然叫住我，問了有關你的事。」

下屬：「我的事？為什麼會問到我的事？」

主管：「這我就不知道了，不過好像連他也很期待你的表現唷。」

下屬：「您說的是真的嗎？（開心）」

只是這樣說，下屬就會受到鼓舞。所以做主管的人，偶爾該借用「上級的權威」，即使是編故事也行。下屬在好奇別人說了什麼而心癢不已的同時，也會越來越有幹勁。

告訴對方「你最特別」，能得到重要情報

【限定與稀有價值效應】

「限量、限定、最後」是激起他人欲望的關鍵字

要在瞬間將別人的心玩弄於股掌之間，讓他朝著你想要的方向走，一開始就用下面這些話術，效果會比較好。這是故意「設限」，來強調稀有價值的手法：

例1

「甜點一天限量三十份！就快沒貨了！」

「所剩不多！限時特賣，只有五分鐘！」

「只有這一次、最後幾件！」

這些是大家常聽到的銷售話術，最能讓人衝動血拼。明知這些是銷售話術，還是會忍不住往叫賣的方向看，接著就被吸引過去，這樣的人應該不少吧？

因為**人只要聽到數量或時間有限，就會受到刺激而燃起欲望，反射性地想要得到那樣東西**。從原始時代起，我們對於「飢餓」的恐懼就已內化成一種本能，是這種恐懼的心理在作祟。

另外，**特別看重對方的存在，也可以滿足他心理上的「肯定需求」**。對顧客另眼看待，使用限定的話術來捧對方，對方聽了一定會很開心。然後一不小心就會上當，說出：「好，沒問題！」

下面這幾句話也是恭維對方常見的說法：

「這是只有你才能做的工作！」

「因為是你，我才能安心託付。」

「我只能靠你了！」

「所有人之中，我認為你最適合！」

「除了你還有誰能勝任？」

「你大顯身手的時候終於到了！拜託了！」

”

和對方醞釀「特別感」，任何事都無法拒絕

還想提高自己話語的重要性、增加信賴關係時，可以使用**「限定與稀有價值」的話術，讓對方敞開心房。**

例2

「這話只能在這裡說。」

「你比較特別，所以我才跟你說這個秘密。」

「我只告訴你一個人。」

「你要保證不會跟別人說。」

聽者認為說話者只把秘密告訴自己，一時高興為了回報對方，常常不小心就把自己的秘密告訴對方。人會產生「報恩心理」，不知不覺就這麼做了。

在和他人的關係中，要醞釀出「特別感」時，最適合用這個方法。以交換條件的方式誘使對方說出真心話時，也常用這個方法。另外，**在說服「別人的拒絕」時，也可以用這個技巧。**

有的時候你邀請某人一起做某件事，或拜託某人做某項工作，不管你怎麼說，他就

是不肯答應。此時也可以用「限定與稀有價值」的話術，這種話術具有讓別人無法拒絕的魔法，而且在重要關頭，還要說「正因如此」來追擊。

例3 對方：「我時間不夠，經驗也不足，沒辦法接下這份工作。」

回話：「時間不夠、經驗不足，這些我都知道，但我還是選擇了您，『正是因為如此』我才希望您接下這份工作。」

對方：「傷腦筋，既然您都這樣說了，那我就接下來吧。」

當對方得到你的特別重視，被你捧得高高的，會整個人都鬆懈下來，連要怎麼拒絕都不知道。

兩種開場白話術，瞬間打開話匣子

【滿足肯定需求與認知操作】

”消除「潛在敵人」最好的方法，就是主動接近他

在你的職場裡，有沒有那種「好像很難親近、感覺不對盤」的人呢？

「雖然在同一家公司，但感覺他很冷淡，所以沒有說過話。」

「那個人對我沒有好感，就算接近他也只是惹人厭。」

放任這樣的關係惡化，跟對方的遙遠距離感就會固定下來。因為相處的氣氛很僵，所以漸漸地雙方都會開始故意避開另一方。最慘的情況是彼此都認定對方是個「討人厭的傢伙」，變成互相排斥的「互厭關係」。倘若之後在工作上必須要接觸，可以想見他會變成一個多麼棘手的對象。

這樣的關係，盡早修復比較保險。想馬上縮短距離，你要做的就是以誠懇謙虛的態度，用下述方法主動接近對方：

❶「請教對方跟他的嗜好、專長相關的問題」↓滿足肯定需求的接近法

❷「跟對方借某樣物品」↓認知操作的接近法

只要先記住這兩個方法，就不用擔心。❶是在激發對方的自尊心，滿足他的「肯定需求」；❷是在利用對方的認知作用。

❞和陌生人聊不停的兩個話題

❶號方法只要像下面這樣做即可：

A：「B小姐，最近我家開始養狗了，所以有點事想請教妳一下。」

B：「你開始養狗啦？真是太好了，有任何問題都可以問我。」

就像這樣，只要是跟自己擅長或喜歡的事有關，不論是請教問題，還是與你商量事情，你一定會馬上興奮地回答吧？因為不管是誰，都會想把自己累積多年的知識與經驗

分享給別人聽。

只要彼此有共同的「嗜好」和「興趣」，就能迅速縮短跟對方的距離。問問題或商量他喜歡與特別關注的事物，很簡單就能跟他做朋友。

❷號方法是藉由跟對方「借某樣物品」來接近他的方法。為了改變「對方對你的認知」，而故意用這個方法。

我們對於「熟悉的人、喜歡的人」，總是以親切的態度對待；但對於「不熟的人、討厭的人」，總是冷淡地給予批評。所以「借物」這種行為，會出現在你與熟悉的人或喜歡的人之間。

因此，當「不熟的你」特別跑去跟對方借東西，對方在認知上必定會產生不協調的感覺，即所謂的「認知不協調」：「為什麼他要跟不熟的我借東西？」覺得疑惑的同時又想到「但他態度非常有禮貌，而且還一直跟我說謝謝」，最後獲得感動和滿足。

為了消除這種不協調的感覺，對方會開始對你改觀，覺得「你其實是個好人」，提高對你的評價。從此不再對你抱有戒心，逐漸敞開心房。

強調「大家都這麼想」，輕鬆取得共識

【樂隊花車效應的誘導】

開誠布公討論意見，最後很難有圓滿的結局

只要討論事情的人數在兩人以上，就會有不同意見產生，這是很常見的事。但是一旦出現不同的意見，就得要重新去問每一個人的意見，互相協商、調整全體的計畫，這樣實在是太辛苦了。

就算只是負責舉辦公司聚餐，如果每個人都很忙，光是決定聚餐時間，就是一件很麻煩的事。

例1

主辦人：「下個月第二個星期五，晚上七點在老地方聚餐，要來唷！」

A：「什麼？你怎麼把時間訂在星期五？不行啦！七點我沒辦法去。」

主辦人：「遲到也沒關係，八點你可以到吧？」

A：「來不及！要九點才到得了，不過那時也差不多結束了吧？改別天啦！」

B：「對啊，我覺得星期四比較好，大家星期五應該都有事。」

C：「我覺得那個星期五不錯啊，因為是下個月，還來得及把別的事排開吧？」

D：「先說喔，如果突然有急事，我就不能去了。不過，還是星期四比較好。」

主辦人：「不是說好由我決定嗎？我覺得星期五比較放鬆，才訂在星期五的。」

E：「或許每個月固定的時間聚餐會比較好，譬如每月第三個星期四。」

A：「我們業務部很忙，希望大家配合一下我們的時間。」

C：「又不是只有你們忙，我們會計部也很忙啊，現在為月底結算忙翻了！」

主辦人：「那你們到底要怎樣？這樣根本決定不了！（怒）」

因為參加聚餐的人立場彼此對等，所以常常想講什麼就講什麼，弄得一發不可收拾。遇到這種情形，**要一開始就用「個別擊破」的方法，才能把事情處理得乾淨俐落。**

”沒人喜歡被孤立，一對一各個擊破可以迅速達成共識

處理某件事，想快速做出結論時，用「虛張聲勢」的個別擊破戰術，可得到不錯的效果。即便是你一個人所做的決定，也可以虛張聲勢騙大家「已經獲得多數人同意」。

例2

主辦人：「下個月第二個星期五，晚上七點在老地方聚餐，要來唷！」

A：「什麼？你怎麼把時間訂在星期五？不行啦！七點我沒辦法去。」

主辦人：「是喔，那你晚一點到就好了。」

A：「星期五很忙耶！其他人應該也很忙吧？」

主辦人：「不會啊，B跟C，還有D跟E，大家都說可以唷！只有你不行。」

A：「這樣啊！那沒辦法了，我會去。」

一般人對於「大家都〇〇」這句話，通常沒有抵抗力。連小朋友也會用這招來跟爸媽交涉，跟爸媽說：「大家都有這個玩具，只有我沒有。」讓父母的內心動搖答應幫忙買玩具。

害怕落單、想要跟大家做相同的事，這種心理現象稱作「樂隊花車效應」，又稱

「羊群效應」。**這是一種要跟大家同調，才會覺得「安心」的心理作用。**

樂隊花車是指開在遊行隊伍前頭，有人在上面吹奏音樂的樂隊車，因為樂隊花車可以決定整個遊行隊伍前進的方向，所以常用來表示心理學上「依附多數、趕流行、趨炎附勢」等行為。

例3 在開會前先「疏通」，就容易增加支持者，形成多數派。

一窩蜂地追逐流行物品及當紅店家。

在選舉投票時，不想把票投給不會當選的人，就改投給選情樂觀的人。

樂隊花車效應會表現在這些行為上。看到新書封面上寫著「狂賣三十萬本！」就想買來看看，也是出自同樣的心理。

先給對方「失去感」，他就會乖乖妥協

【失而復得效應】

鋪陳對話內容，給對方「失而復得」的錯覺

自己提議的內容，如果不能跟對方產生共鳴，就無法發揮說服效果。特別介紹一個在這種時候可用的技巧，請大家先記起來。

例1

太太：「今年年底我們結婚就要十週年了，唯一的女兒也要上小學二年級了，你是不是應該要來履行女兒出生時你答應我的事啦？」

先生：「……我是不是答應你要三人一起去國外旅行，慶祝結婚十週年啊？」

太太：「我想去夏威夷，或是澳洲也不錯。」

先生：「年底不可能去那些地方啦，最多只能選四天三夜能玩的地方。」

太太：「這樣的話，就只能去東南亞耶。」

先生：「沒辦法，但東南亞也是很棒的度假聖地呀。」

太太：「我才不要去什麼東南亞呢！一點出國的感覺都沒有。」

先生：「我知道了，既然沒出國的感覺的話，那就不要去東南亞。去東京迪士尼樂園玩一天怎麼樣？」

太太：「只去迪士尼玩一天而已？怎麼這樣？」

先生：「不能只有我們兩個人開心，也要選女兒會喜歡的地方才行啊。」

太太：「我又想了一下，覺得東南亞也挺不錯的。」

先生：「好，既然這樣我們就去東南亞吧，朝這個方向開始計畫！」

太太：「太好了！那我們一起來想要去東南亞的哪裡。」

此處先生所用的心理技巧，稱為「失而復得效應」。先生很難得地向太太提議去東南亞家族旅行，卻被太太否決。於是，先生立刻就打了退堂鼓，取消自己的提議。太太聽到之後，應該嚇了一跳吧？

”原本能得到的事物，一旦面臨「失去」就會妥協

一度夢想的國外旅行完全破滅，太太為此感到非常沮喪。而在前景一片黯淡時，再次有了可去國外旅行的希望，太太才格外高興。**只要悲觀的預測沒有成真，人的幸福感就會倍增。**這就是「失而復得效應」，當曾失去過的又再次得到，會帶來喜悅的感覺。

所以當提議的內容被否決時，我們應該把提議全部撤回。「那麼，就當我沒提過這件事。」只要這樣講，對方因為沒料到事情會變成這樣，而開始慌張。發現失去的事物很重要時，人都會感到後悔。

然後，再重頭提案就可以了。

「失去感」受到刺激，就會變得格外想要

我以為都賣完了，沒想到倉庫裡還有一個。
您要買嗎？
那當然，快幫我包起來！
迅速！
乾脆！

例2

不管怎麼推銷都不行的時候，可以一段時間後試著跟顧客說：

「託您的福，這項商品已經銷售一空了。」

或許會得到意外的反應：「賣完了？糟了，我剛才還在猶豫要不要買呢。」

等過一會兒再跟顧客說：「如果只買一個的話，我可以幫您想想辦法。」

這時對方應該會立刻說：「我要買、我要買！」

善用這個方法，就能順利達成目的。

搶先提供情報，輕鬆贏得對方信任

【疫苗接種理論】

如果你才剛換工作到一間新公司，就聽到同事這樣跟你說，你會怎麼想？

例1

同事：「聽說你今晚要跟陳經理去喝酒？」

回話：「對啊，沒想到剛進公司就能經理一起喝酒，我真是太幸運了！」

同事：「老實說，這種事我們經歷多了，其實大家都知道陳經理酒品很差，喝到最後還會亂罵人，不停無理取鬧，你可不能對他發脾氣唷！」

回話：「你說的是真的嗎？陳經理平常看起來那麼冷靜，竟然會發酒瘋？」

同事：「你遲早會聽說這件事，所以先跟你說，以前有個新進的課長，跟陳經理喝完酒的隔天就遞辭呈了。因為啊，他把經理的臉打瘀青了……。」

能獲得這樣有用的資訊，你應該覺得很幸運吧。順便提醒你，如果不得已一定要跟酒品差的人去喝酒的話，當對方眼神呆滯，開始胡言亂語的時候，你就要趕快離開。把對方留在店裡，先溜回家才是上上之策。

反正他喝醉了，記得也不是很清楚。只剩他一個人的話，他就會無聊到只好乖乖回家。如果你一直陪他，他反而會開始發酒瘋亂打人，這樣你還要收拾爛攤子照顧酒鬼，那真的是很慘。萬一這時你才想把他丟在路上不管，可能還會背負「遺棄」的罪名。

因為在事前得到這麼有用的資訊，你才能冷靜處理。你會開始覺得同事是個「大好人」，被他善良的人格所感動。**在事前把有效情報告訴你的人，能立刻贏得你的信賴。**他就像是在幫你接種預防流感的疫苗，所以這項理論才被稱為「疫苗接種理論」。

若是有人在快要做大筆交易之前，把有用的資訊告訴你，你一定會覺得很開心。而且因為那些資訊的重要度高，能使人避免落入敵人所設的陷阱，所以我們對於提供資訊的人，馬上就會產生信賴感及敬意，感覺他是我們「可靠的好夥伴」。

”事後才放馬後砲，只會惹人討厭

例2

A：「我現在住的房子買超過五年了，最近想賣掉，換一間高樓大廈的房子。」

B：「你應該是想用長期持有五年以上就能減稅的好康吧？」

A：「被你猜中了，因為持有不到五年就賣的話，要繳的稅比較多，超過五年稅率才會降低！」

B：「不過，期間的計算方式是從賣房子當年的一月一號開始往前推算五年唷！你知道這件事嗎？你買房子以後，在你家度過六次新年了嗎？」

A：「什麼？我不知道這件事，這樣的話，雖然實際持有了五年四個月，但在稅法上才四年七個月？還好你有跟我說，萬一不知道就慘了！」

買賣房子的所得差一點就要被課以高稅金，在此情況下A對B的信賴會突然大增。

這是因為B在事前就告訴A了，如果是事後才說，那就是最糟糕的情況了。

例3

C：「我們家終於整修完畢，可以恢復原本的生活了！」

D：「咦？你們家重新整修房子？一邊住一邊整修嗎？」

C：「對啊！每個房間輪流整修，累死我了！」

D：「整個家都整修，大概花了多少錢？」

C：「面積三十坪，全部兩層樓，連貸款共花了一千二百萬元。」

D：「那不是比新蓋的房子還要貴嗎？」

C：「真的嗎？但我連廚房流理台、浴室那些全都整修了耶！」

D：「我前一份工作是在建設公司，你被敲竹槓了啦，價錢貴了三倍以上！」

如果你是D，這樣講就完了，雖然敲竹槓的人不是你，但你卻會被人怨恨。

偶爾「示弱」，是讓對方信服你的高招

【心理操作、自我表現的技巧】

看起來很強勢的人，人際關係不一定吃香

任何職場一定都會有「可靠的人」。

「困難的交涉，都交給我！」因為是很有自信的人，會讓人覺得好像「問題只要交給他，他就會處理妥當，很放心。」變成大家談判觸礁時的「後盾」。但是，偏偏就是這樣「可靠的人」，反而容易搞錯狀況。

對談判有自信的人，通常都有這兩個特點：

❶ 連談判的細節都要以邏輯思考。

❷ 喜歡以強硬的邏輯逐步進逼。

但由於他們把談判當作是在「較勁」，所以反而容易被撂倒。這種人會穿著暗色西裝、藍襯衫，搭配紅領帶、發亮的皮鞋、名牌手錶，手提高級的皮製公事包登場，想以有氣勢的裝扮壓倒對方，讓對方覺得「哇！這人不簡單！」但大家可以試試看，穿這樣跑去街上的影印店，請老闆估算A４彩色印刷製作產品型錄的價錢。

「如果這次合作得不錯，以後就都委託你們，所以請算便宜一點。」

即使你暗示未來還有合作機會，以誇大不實的話術拜託對方，可是對方所提的價格還是會很高。這是因為街上的影印店，都是以顧客的穿著來決定價錢的。反倒是穿著廉價庸俗的大叔，能夠拿到好價格。

”適度「表露弱點」，對方更容易放下戒心

外表看似擅長交涉的人，常被認為在談判上有利，但請記得那只限於對方心懷歉意或畏懼的時候。在平常交涉時，若以強迫的方式處理，即使最後成功逼對方讓步，卻有可能因此使對方產生反抗心理。

如果不以對方能接受的方式來交涉，說不定哪一天會遭到報復。為了能順利進行交涉，寧可保持適度的謙卑，謙虛的態度比較容易打開對方的心，讓他對你說的內容產生共鳴。也就是說，有時故意暴露「缺點」，是個有效的方法。

例1 **「那個、上禮拜我不小心把手機弄丟，造成工作進度落後，給您添麻煩了。」**

↓藉由提到自己的失敗經驗，來表露謙虛的人格特質。

例2 **「不好意思，可能我有點多管閒事，但今天的紅鮒要比鮪魚肚新鮮美味唷！」**

↓故意透露店內的資訊，來強調自己正直與誠實。

例3 **「因為是第一次簽約，老實說我很緊張，請容我再檢查一次。」**

↓表現出正直、慎重及認真的人品，來正當化謹慎的檢查行為。

如此一來，交涉的對象會感到放心而疏忽大意。只是故意表現出謙卑的態度，就能消除對方的戒心、擴大彼此的交涉空間，甚至能取得以強勢態度無法得到的「讓步」。

善用對方「不想放棄」的心理

【既定成本效應】

簽約之前，說過的話都會有變數

所謂的談判，是將彼此「希望的條件」進行搓合的過程。找出彼此的妥協點，該退的地方就退，該進的地方就要進，藉由這樣的方式來達成交涉。

但即使再三交涉，有時仍無法找到彼此的妥協點。是要決裂？還是要放棄、然後妥協？在快要達到雙方妥協的最後局面時，彼此要讀對方的心，避免決裂、盡力讓事情有個圓滿的結局，很像一場真刀真槍的戰爭。

例1 買方：「拜託您了，我付現金，這樣您就不需要等到銀行撥款才能拿到錢，所以總價可以減去五％的消費稅嗎？只要能省掉這部分就好，麻煩您了。」

賣方：「一開始的價格是一億兩千七百萬，請您站在我的立場想一下，現在已經降到一億兩千一百萬了，差不多少了五%，如果連五%消費稅都要扣掉，我們實收的金額就只剩一億一千四百萬，幾乎是九折的價錢，實在太少了，很抱歉必須婉拒您的要求。」

買方：「唉，不行嗎？好吧，那就一億兩千一百萬。」

賣方：「最後成交價就是一億兩千一百萬，可以嗎？」

買方：「好的，我們就約後天簽約吧！」

交涉就這樣成立了。剩下的步驟，就只剩在契約上簽名蓋章。**但是千萬不能忘記「一直要到簽名、蓋章完成，交涉才算完成」**。

”如何在最後時刻爭取到好條件？

通常在簽約前的最後關頭，才突然一百八十度轉變說不簽約，這具有相當大的風險。因為會造成自己的信用受損，如果簽約對象是長期合作的客戶，一定會造成嚴重損害。但如果是因為發生了某件不幸的事而無法簽約，那情況就不一樣了，「因不可抗力只好……」有可能會出現這種雙方各讓一步的結果。

若協商中有關於違約金的規定，則相對人的損害有限，若沒有這方面的規定，那相對人只能認命把淚水往肚裡吞。這時常會發生「拜託人的」變成「被人拜託的」立場逆轉。因為之前付出越多，就越容易讓人被束縛而脫不了身。

例2

買方：「真的非常抱歉！因為客戶跳票，害我們公司受損高達兩千萬。既然事情變成這樣，說好一億兩千一百萬的不動產買賣，要麻煩您取消了。」

賣方：「發生這種事真是遺憾，但損失控制在兩千萬，可說是不幸中的大幸了。相信貴公司不會因為這次的事就破產，所以這次的合約可以繼續簽嗎？」

買方：「沒辦法，幸好是發生在簽約前，接下來公司的經營狀況會很困難，給您添麻煩了，真的很慚愧。」

賣方：「假設說，減去五%的消費稅，將總價降到一億一千四百萬，您看怎麼樣？我們犧牲一點來協助您。」

買方：「啊？這樣實在太不好意思了。」

賣方：「不會，希望貴公司能繼續跟我們合作，我們用降價來表示支持。」

攻守雙方的立場就這樣互換過來。當發生不可抗力而無法簽約的狀況時，對方也不得不同情你了。而且，最令對方感到不甘心的是，**之前所耗費的時間與勞力，也就是「既定成本」（又稱沉沒成本）永遠討不回來了。所以他會執著地想「既然都努力到了這個地步，就一定要有個結果」**。

講道理也不能忘記人情的說話方式

【報答性原理的釀成】

”合乎正義的大道理，不一定能贏得人心

交涉最重要的是「邏輯、道理」，要合乎社會正義（有大義之名、名正言順的理由）——如果你這麼想，那就大錯特錯了。

「邏輯」是談判時的一項工具，的確很重要，但卻不是交涉時能確實贏得勝利的關鍵。古希臘哲學家亞里斯多德，在距今兩千三百年前就曾這麼說過。亞里斯多德舉出三項可成功說服人的重要因素：邏輯、心、人性。邏輯是「道理」，心是「感情」，人性指「人品、人格」。

亞里斯多德認為：倘若沒有能證實「可信度」的事物存在，那光憑道理是無法說動

人的。因為**不論是多麼合乎正義的大道理，如果沒有「心」，就無法被人們所接受。意思就是「感情比論理重要」**。

回頭看看我們的日常生活，馬上就能發現這個道理。譬如主管平常的言行舉止，使人懷疑他的人格，那不論他在工作上說再多大道理，都無法得到下屬的信賴，只會被下屬偷偷嘲笑而已。因為即便他講得頭頭是道，但他平常的言行不佳，就沒人會認真聽。

在交涉場合最重要的，永遠都是說客的態度和人格。如果說客失去理智，一味攻擊和批評對方，只會惹來對方的怨恨，而無法回收交涉的報酬。

”

對方犯錯時，是「略施小惠」讓對方回報的好機會

從事服務業的人，很容易被顧客當成「傭人」，認為不過他們是為了錢在工作。由於常被人這樣瞧不起，所以**當你給他一般人應有的尊重時，他們都會非常地開心**。這是因為從事服務業的人，本來的工作動機就是「讓更多人開心」。

例1 顧客：「搞什麼？我點的不是漢堡肉套餐，而是漢堡肉與炸蝦套餐。不用換了！就這樣吧，我午休時間要結束了！」

服務生：「真是非常抱歉！」

這位服務生一定會嚴重受創。如果去點餐的是被罵的服務生那就算了，問題在於這也許是其他服務生點錯餐，但因為是餐廳的疏失，所以只能道歉，可是他心裡一定充滿不愉快的感受，覺得「客人有那麼偉大嗎？」這個顧客失去了和人心靈交流的機會。

例2 顧客：「不好意思，我點的是漢堡肉與炸蝦套餐，結果你們送了漢堡肉套餐來。不過沒關係，因為我午休時間很短，不用換了。可能點餐時我沒說清楚，我吃這個就好了。」

如果不去責怪服務生，而只是輕聲地說幾句話，那餐廳會怎麼處理呢？說不定服務生會緊急通知廚房，請廚房先做炸蝦，然後送到你的面前來：「剛才很抱歉，這份炸蝦是本餐廳特別招待您的。」你就能享受到免費的炸蝦——這是真實發生過的故事。

Chapter 2

操控他人行動的 12 種催眠話術

關鍵時刻，「說對話」比埋頭努力更重要

找出「共通點」，悄悄拉攏對方的心

【共通點、類似性的原理】

找對話題，使自己成為「特別人物」

人跟親近的人之間，會有某些共通點，例如：

我和住在附近的賴先生一家人，因為小孩上同一所小學，所以彼此很熟。他女朋友跟我是同鄉，有共同的朋友，喜歡的音樂也很類似。私底下的朋友，大部分都是大學桌球社的社員。

職場上的前輩周先生，和我一樣都是阪神隊的球迷，所以交情不錯。

客戶王先生，因為是同一所高中畢業的，所以對我特別照顧。

人只要發現對方跟自己有共通點、類似處，就會覺得別人跟自己是同一夥的，感覺

彼此之間的距離縮短了。這是因為將對方當作是「夥伴」，有助於滿足彼此心靈上的「肯定需求」。在芸芸眾生之中，只對這個人感覺特別有緣。常看一樣的節目、都有養狗、學生時期是同一類運動社團、有共同的興趣和喜歡的食物等，任何事都可以。

而且，共通點越多，彼此的關係就越緊密。這也是為什麼感情好的夫婦，外表彼此相像的很多。其中有些人還有夫妻臉，也說不上來是哪個部分，但就是很像。因為**比較容易放入感情、產生認同感，所以有時甚至會變成支配對方或被對方支配的關係。**事先注意到這種心理現象非常重要，藉此可以知道要做什麼才能進入別人的心房。

”

「共通點」能縮短培養感情的時間

跟人第一次見面的時候，通常會感到緊張。在心理學上，將初見印象所產生的效果稱為「初始效應」，這時候的印象越好，之後的溝通越順暢。

例1 初次見面說：「您好，第一次見面，敝姓王。我一直非常期待可以跟陳先生您見面，因為我也很喜歡園藝，聽說您是很厲害的園藝大師呢！」

對方：「過獎了、過獎了，您好。我哪是什麼園藝大師啊！呵呵。」

在認識的當下，只是告知對方彼此的興趣相投，就能讓對方露出笑容。對方的「肯定需求」會立刻獲得滿足，你們可以圍繞著園藝的話題，暢聊好一陣子。

例2

男生：「妳大學時是不是有在打網球？我也有打網球，我們的興趣一樣耶！」

女生：「對耶！我現在也偶爾會去健身房打網球唷！」

只要能跟對方確認彼此有共通點，就能讓你與眾不同。在宴會或聯誼等多人聚集的場合，一下子就能拉近彼此心靈的距離。

人與人都是透過多次的見面，逐漸認識後交情才會變好，心理學稱為「熟知性原理」。可是在商務場合，必須要拜託對方或道歉的時候，如果能一開始就很親近，便能期待事情進展會十分順利。

如果對方的相關資訊是可事先調查的，那就先進行資料蒐集。尤其不只對方「喜歡的事」和「興趣」，就連「討厭的事、沒興趣的事」都一併掌握清楚，塑造成雙方的共通點，就能創造最完美的相遇！

「邊吃飯邊談話」，點頭說好的機率最高

【聯想原理】

以「美食」增加說服力！款待用餐的三大要點

人在吃東西的時候，會產生一股幸福感。這是由於從原始時代起，人類就長時間處於飢餓狀態，對於飢餓的恐懼感，已經深植基因。如果特別是自己愛吃的或越美味的食物，開心的感覺就越強烈。商務場合也一樣，餐會接待能讓交涉更順暢，是各國皆通的智慧。款待用餐時應注意下列三點：

❶以符合對方口味的菜色來款待。

❷選擇自己已經去過幾次，燈光美氣氛佳，料理又美味的餐廳。

❸負責接待的同行者，最好是被接待者會感覺美麗且機靈的異性。

每個人對食物的喜好不同，如果你帶不敢吃生食的人去吃生魚片，那就糟糕了。

自己從沒去過的店，就算料理的評價再高，你也無法了解服務品質與店內的實際情形。這樣就沒辦法跟客人介紹餐廳，自己也會緊張到倉皇失措。出菜的方法、店員的教育程度、店內裝潢，如果沒有事先掌握，很有可能會丟臉出糗。

此外，為了讓客人「開心」，最好帶適合做接待的人同行。如果客人是中年以上的大叔，就要帶年輕可愛、親切又機靈的女員工。如果身邊沒這樣的員工，那就帶客人去有很多年輕小姐的店續攤。但客人若是中年熟女，則要改帶年輕帥哥同行。

美女和帥哥是「眼睛冰淇淋」，具有刺激感官的效果。所以盡量選擇可讓場面歡樂、親切又機靈的冰淇淋吧！

”「用餐途中」是提出請求的最佳時機

舒適的氣氛、美味的料理、對接待者的好感度等要素，可以讓被接待者產生「愉悅」的記憶。當其他競爭者也都招待他用餐時，愉悅的記憶跟對特定接待者的好印象會產生連結，這在心理學上稱為「聯想的原理」。也就是說，接待的方式投其所好，就能在競爭中殺出重圍。

另一方面，**當人在品嚐美食時，心情會變得很正面，因此沒辦法採取負面的言行舉止，這種出自本能的心理作用也會產生強力的效果。**

要跟對方交涉時，最好是邊用餐邊進行，這叫做「午餐技巧」。吃飯的時候，很難說出「NO」，所以應該要在吃飯的時候提出邀約，成功率會比較高。

趁吃飯時提出邀請，最容易成功

下週六我們一起去兜風吧！
好啊！
立即回答！
大口吃
開心

嘴巴甜一點，說服結果就會不一樣

【靈活應用光環效應】

外貌姣好的人，說服力比較強

如同前言所說，日常生活其實是由一連串「交涉」所組成的。人生的收穫多或少，全跟「說話技巧」有關。就這層意思來說，拜託別人幫忙時，容貌姣好的人會比其他人有利。當美女或帥哥提出請求，你應該很難拒絕吧？

例1 美女大學生：「教官不好意思，我報告來不及寫完，不知該怎麼辦才好？」
指導教授：「真傷腦筋，那我幫妳延後幾天，妳不要跟別人說唷！」
美女大學生：「哇！太棒了！真不愧是人氣教授，你是大好人！」

例2 帥哥新人：「主任，這個我算很多次數字都不合，該怎麼辦？」

總管主任：「真受不了，我幫你算吧！你把東西放在那裡。」

帥哥新人：「謝謝主任！多虧有主任在，總是這麼照顧我。」

我們很容易發現出色外貌產生的「光環效應」。**人只有要身上有某個與眾不同之處，放大該部分優點，就能讓人產生錯覺以偏概全，使別人對他產生「討人喜歡、很棒」的感覺。**特別是「美麗的外貌」會直接影響視覺，具有為一般人帶來「愉悅感」的強大力量。

說服行銷權威喬汀尼，曾提出一個有名的法則：「當喜歡的人有求於你時，你會想積極回應他的需求」，這項「報答性原理」效用非常強烈。可是相對地，長相普通的人就會比較吃虧。

放大自身其他優勢，打造好感「光環」

外型較普通的人，要怎麼樣才能像美女及帥哥一樣具有說服力呢？這時，別的「光環效應」會有幫助。即便是帥哥美女，當外貌隨著年紀而衰老，這個方法的重要性也會逐漸提升。

光環效應除了外貌，還包括「社會因素」及「個性因素」。社會因素指的是地位及職稱等權威象徵。公司主管因為是「上級」，所以自然具有相當的權威。高學歷、有語言長才、工作經驗完整、有雄厚的家世背景、運動曾得過金牌等社會背景優異的人也能散發出「光環」。

「個性因素」指個性上的優點。例如溫柔、親切、機靈、人品出眾等個人特色突出的人，也有相當程度的說服力。不過有的時候，人會用謊言或偽裝來創造光環效應，要小心上當。

例3
A：「我在大學是學統計的，P公司資料的寫法有問題唷！」
B：「真的？差點就相信他們了，是哪裡有問題？」

例4
C：「我們是NGO組織（非政府組織），專門協助亞洲的貧窮兒童，請捐款幫助我們。」
D：「真了不起，我看了你們的資料，工作的成果很豐碩⋯⋯。」

像這樣偽裝、塑造自我形象的手法，稱為「印象操作」或「自我表現」。

「先重複、再回答」，謊言就不怕被拆穿

【假裝平常心的舉止動作】

人在說謊的時候，因為緊張和內心動搖，所以在生理上容易出現下列這些特徵：

❶ 不停眨眼睛，目光閃爍。
❷ 說話吞吞吐吐，欲言又止。
❸ 說話速度變快，想趕快敷衍過去。
❹ 一直說錯話，講話結結巴巴。
❺ 假裝對這個話題沒有興趣。
❻ 一直強調「我沒說謊」。
❼ 想要改變話題。

❽手腳動作不靈活。
❾身體搖搖晃晃。

當你質問對方：「你在說謊吧？」而對方出現以下反應時，就要多加留意：

例1
蔬果店老闆：「這桃子很好吃唷！好吃到下巴會掉下來。」
客人：「真的嗎？但其實你沒吃過吧？」
蔬果店：「這個……我當然吃過了！就是吃過覺得好吃才推薦你的。」

越老實的人，越容易露出馬腳。因為心中想著「被看穿就糟了！」所以會瞬間緊張不已，使交感神經受到刺激。失去平常心，才導致血氣上升無法保持冷靜。

”增加謊話的可信度：先重複對方的問題再回答

說謊不容易被拆穿的人，都是平常已經習慣說謊的人。慣性說謊的人，不會感到緊張也不會動搖，反而能像這樣快速回答：

例2
客服：「機械發生故障的時候，負責維修的人會馬上趕到現場，請您放心。」

客戶：「要多久才能趕過來？」
客服：「大概要三、四個小時。」
客戶：「咦？你們公司離我們工廠很遠，你在騙我吧？」
客服：「我沒騙您，公司規定必須四小時內抵達，請不必擔心。」

以距離來說最短都要五個小時才能到達的地方，卻故意強調三、四個小時就可以到達，實在讓人不得不懷疑。如果已經像這樣預先想好虛假的答案，那就應該要馬上回答。因為你要藉由敏捷的反應使客戶驚豔，讓他立即跟你簽約。一般人都會這樣反應：

例3

客戶：「要多久才能趕過來？」
客服：「這個嘛，大概要三、四個小時。」
客戶：「怎麼可能？你們公司離我們工廠很遠，你在騙我吧？」
客服：「我……我怎麼可能騙您，是、是真的……。」

不管是前述哪一個情形，都已經露出馬腳了。**想要不被人看穿的話，只要先慢慢地重複對方的問題，再不疾不徐地回答即可。**因為這樣能給人誠實的感覺。

例4

客服：「您是問要幾個小時才能趕到嗎？大概要三、四個小時吧。」

用「好條件」套牢，無法中途反悔

【低飛球詐術】

「特價」不一定更划算，為什麼無法中途不買？

傍晚的商店街，常看到各種餐廳的員工在路上發折價券：「生啤酒和調酒全部打七折、飲料免費、用餐享九折優待。」只要剛下班的上班族拿到手上看：「哇！這家店看起來不錯！」順便找朋友一起去，店家就能提早招攬到客人。

但若特別跑去的餐廳原價很貴，即使酒類打七折、飲料免費，食物還打九折，最後還是會吃得不開心。不過，通常不會發生「被騙了，我不吃了！」的狀況。

因為從拿到折價券、決定「要去這家店」的那一刻起，不能反悔的心理就會開始作用，這叫做「一貫性原理」。這是**人一旦做了決定，就覺得中途不能反悔的心理作用。**

就像這樣，**用「好條件」吸引客人，先得到客人的承諾，再追加提出「壞條件」的手法，在心理學上被稱為「低飛球策略」**。像是我們看到飛得很低的球，忍不住就會伸手接球的反射動作。

這也稱為「先獲承諾法」，因為不管怎樣，只要先讓顧客說「YES」、獲得他的承諾，他就很難說出「NO」。

市場上常見到此類推銷手法：你以為買了很便宜的印表機，才發現原廠墨水比其他廠牌貴。你以為用很優惠的價格買了電動牙刷，才發現替換的刷頭是天價。

用有利條件先誘導對方同意，就能一步步達成目標

將這種方法運用在表達上，要先保留壞條件不說，以「好條件」來獲得承諾。

例1

房仲：「這個房子是昨天才剛由房東委託出租，價格非常划算。離捷運站不過五分鐘，有廚房和用餐的地方。雖然看起來有點舊，但非常適合單身的人居住。不趕快租下來，一定會被別的人租走唷！」

客人：「你說得沒錯，這房子很不錯，我決定租下來了，馬上簽約吧！」

客人後來才發現每逢下雨屋頂會滴答作響，走廊和樓梯地板也會變得溼答答，此時抱怨也只會被回應：「這些問題沒辦法改善，因為這棟房子太舊了。」

例2

主管：「不好意思，突然要麻煩你。只要一小時就好了，今天你可以加班嗎？」

下屬：「一小時的話沒問題，需要我幫忙做什麼呢？」

主管：「用你擅長的電腦軟體，把這個表格轉換成圓餅圖。」

下屬：「這個嗎？呃，我知道了。」（內心獨白：這一個小時做不完吧。）

如果是極「壞」的條件，你當然會拒絕。但是一旦回答了「YES」，之後就很難再抽身了。「這點小事都不能答應，會被認為是很小氣的人！」這種愛面子的心理也會推波助瀾。**會被這種狡猾手法給困住，都是因為太過在乎對方感受的緣故。**

不小心被對方說服的時候，應該專注在自己的感受上。學著拒絕他人，誠實面對自己的感情是很重要的。

暗示「這是常識」，反對意見會變少

【資訊不對等性的惡用】

不熟悉、不知道，很容易任人擺布

在溝通某件事的場合上，**如果對方跟自己在知識及經驗方面有差距，對方就會以他的步調步步進逼，這稱為「資訊的不對等性」**。

例1

護士：「您的丈夫過世了，要麻煩您把遺體領回。我們會先在院內用酒精消毒，大約一小時後可以請葬儀社的人來搬運，您有認識的葬儀社嗎？」

未亡人：「沒有，我實在沒想到我先生會遭遇這種事。」

護士：「我了解了，那就由本院固定合作的葬儀社來辦理吧。」

先生突然在醫院過世，留下驚慌失措的太太。在這種狀況下，太太無法做出正確的判斷。只好依照護士的建議，找特定的葬儀社來處理。

葬儀社：「對於您先生的過世，我們深感遺憾。我們所能做的就是真誠地送他最後一程。如您所知，一般的喪禮費用是四十萬到六十萬元，請問您有什麼特別的要求嗎？將預算設為中間價五十萬元，您可以接受嗎？」

未亡人：「是，我沒有什麼特別的要求，一切都拜託你們了。」

葬儀社：「我知道了，守靈跟喪禮部分，就在本公司直營的『昇天閣』會場進行怎麼樣？大概會有多少人參加呢？」

照這樣一路被推銷下去，恐怕至少會被敲詐八十萬元。

第一句話先說「如您所知」，可以輕易操控他人

當對方看穿你的知識和經驗都不足時，他會以談論常識般的用詞作為開場白：**「如您所知」**、**「跟您知道的一樣」**、**「如同我先前跟您介紹過的」**等等，對方一開始就這麼說，你便很難坦白：「雖然你這樣講，但我根本就不知道。」

由於對方的開場白強迫你承認自己與他有同樣的認知，彷彿他講的是「普通常識」，讓你無法提出異議。自己因為不想被認為「連常識都不懂」，只好閉嘴裝懂。這項技巧在開會時闡述主張很好用，可一開場就給人「除此以外別無選擇」的印象。

例2

顧客：「我們家的外牆跟屋頂如果一併粉刷，一共要花多少錢？」

業者：「**我想您知道一般的價格**都包含鷹架。外牆跟屋頂要塗三次，耐用年限五年的壓克力樹脂塗料是三十萬；耐用年限八年的聚胺酯塗料是四十萬；耐用十五年的矽膠塗料，則是五十萬。我們可以給您特別優惠八折，矽膠塗料含稅四十萬元整，而且我們的還是不容易髒的特殊塗料！」

顧客：「哇！怎麼這麼貴？我以為三十萬元就能解決了。」

業者：「別家一定更貴，我們除了特別優惠外，還提供別人沒有的十年保固。」

顧客：「嗯……我問問別家，再做決定吧。」

業者：「如果要比價就不能提供優惠價了，您不相信我們也沒辦法。」

顧客：「唉！別這麼說嘛，我知道了，就照這個價格做吧！」

明明禁止與其他人比價的店家，就是不肖業者，但顧客還是這樣被敲竹槓了。

違反常理是吸睛鐵則，人就是喜歡新鮮事

【認知不協調的效用】

人就是會注意「不協調」的事物

顛覆常識的見解，往往能受到矚目。舉例來說，有很多書因為標新立異的書名而大賣，例如：《業務請學會拒絕》、《別撿路上的一千元》、《千萬別拜託業務》、《為什麼卡奴可以坐賓士？》、《推薦癌症擱置療法》、《反正都要死，「癌症」比較好》《不被醫生殺死的四十七個心得》、《只能活三個月的謊言》。

因為標題一看是在顛覆常識，所以忍不住就會被吸引，「為什麼這樣寫？有什麼特殊理由嗎？」因而讓人想看書的內容。這是一種陷阱，一旦看了內容，作者所要傳達的訊息就會影響讀者，讓讀者產生「原來如此！」的共鳴。

像這樣好奇「為什麼？」覺得不可思議的心理狀態，在心理學上稱為「認知不協調」。**人如果一直處於認知不協調的狀態，心理上就會感到不愉快，而開始想辦法要消除這種感覺。**

為了消除不協調感，我們會改變想法或行動。譬如，明知抽菸有害健康卻無法戒菸的人，會故意輕視抽菸的壞處說：「老菸槍也有人長壽」，或放大抽菸的益處說：「可以幫助放鬆精神、作為社交手段增進情誼」，來讓認知變得協調。

”

先投震撼彈，再用「糖衣」包裝難以啟齒的事

當認知不協調的感覺消失，人就會不可思議地開始認同。一旦理解事情的緣由，認同度就會變得超高。「原來如此！沒錯、就是這樣！對！」很簡單就被說服了。

例1 學校的老師說：「一直念書會變笨唷！」學生的腦海裡會出現一個大問號。要聽到老師解釋：「不要死讀書，要培養思考的能力。」才會茅塞頓開。

例2 足球隊的教練說：「埋頭苦練是沒用的。」隊員一定會覺得不解。要聽到總教練

解釋：「練習的效率不佳，就失去了練習的意義。」才恍然大悟。

例3

主管說：「不要去問顧客需要什麼！」下屬聽了會大吃一驚。要聽到主管解釋：「在問顧客的需求前，要先讓顧客了解我們對品質的堅持。」才豁然開朗。

這項技巧在用糖衣包裝難以說出口的事時，也用得上。

例4

主管：「我們要把你調到子公司去。」

下屬：「為什麼是我被調職？我的績效明明就比以前好……。」

主管：「所以才要把你調去子公司累積經驗，我們希望優秀的員工多一點磨鍊，將來再以幹部的身分調回來，這是董事長的方針，你是第一順位。」

下屬：「真的是董事長的方針？不是課長您要趕我走？」

主管：「那是當然，你是因為優秀才被選上的，不過這件事要保密喔！」

下屬：「課長，謝謝您。我會在子公司努力讓業績變好的。」

主管：「那就拜託你了，你將來一定會成為公司的菁英。」

調職原本是會被下屬怨恨的事，但因為採用不同話術包裝，所以圓滿落幕。

殺價談條件，先猜出對方的「底線」

【錨定效應的陷阱】

成功殺價的秘訣：先演練一次，估算出最低價格

去東南亞等地旅行，逛到當地的土產店，常常可以遇到店員用生澀的國語推銷商品。不過，他們的價格常比行情價高出許多。反正，客人一定會殺價——因為心裡這樣盤算，所以就抱著姑且一試的想法，告訴客人較高的價格，之後再進行價格的拉鋸戰。

如果你聽了價錢後皺眉頭，店員就會把計算機塞給你，要你按新的價格。當你把他的價格殺了一半，他就會說：「NO！不行！」然後再按出比較高的價格來。

等你看了想轉頭走人時，他又會叫你別走，在計算機上按出比剛才稍微便宜一些的價格給你看。之後你再度提出稍低的價格，又被對方拒絕，他再度提出新的價格……這

樣一來一往，其實相當浪費時間。

但是，只要在其中一家店進行這樣的價格交涉，應該就可以掌握別家店同商品的最低價格。先將對方提出的價格砍一半再往上調，但只調高一點點，這樣對方提的價格就會越來越低。最後對方所提出的價格，才是加上適當利潤的最低售價。

秘訣在於推測出大概的價格，然後由你先提出較低的價格。這種交涉法是運用「錨定效應」的交涉法。船藉由下錨來固定位置，只要不離開最初下錨的位置，對方只好盡可能靠近你到他的極限為止。

”在最後關頭追加條件，有時能釣到「大魚」

在交涉上運用「錨定效應」時，需要特別注意的是，**提出的金額千萬不能離適當價格太遠。**如果離適當價格太遠，對方是不會上鉤的。先殺價到比你預測的金額略低的水準，是比較妥當的做法。如此一來，對方也會因為有「交涉的餘地」而上鉤。

另外，「賣方」是屬於立場較弱的一方，為了避免一步步地被剝削，應該要去想如何在緊要關頭追加新的條件，讓自己變成「被人拜託」的一方（參考第50頁）。這個戰術是**接受對方的條件，但同時用交換條件追加新的條件，來達到自己的目的。**

例1

經紀人：「用這麼便宜的價錢，就想請我們公司最紅的演員來演戲嗎？」

電視台：「因為整體的預算很少，只能請您體諒了，就只能出這麼多而已！」

經紀人：「我知道了，但我有個交換條件，必須要讓我們公司的搞笑藝人A一起參加演出才行。」

電視台：「A？沒聽說過這位藝人，不過……我知道了，我會想想辦法。」

日常生活各個地方，都可以發現「錨定效應」。譬如你去超市買東西，看到冷凍食品區正在「打五折」。平常兩百元的冷凍炒飯，現在只要一百元，應該會有人想：「好便宜！我要多買一些回家！」

事實上，超市覺得平常冷凍食品賣得不好也沒關係。只要打出口號「每月第一和第三個星期二，冷凍食品半價！」這時候顧客肯大量採購就可以了。**為了「集客」，冷凍炒飯以兩百元定價「下錨」，其實一百元才是適當價格。**高級名牌也一樣，雖然不在店內舉行拍賣，卻會在較偏遠的暢貨中心（outlet），以低於半價的價格出售。

搬出「重量級」理由，讓人無法拒絕

【大義名義效應】

強調「都是為了〇〇」，別人就會答應你的請求

想要說服別人的時候，大義名義可以幫上忙。只要有「大義名義、正義旗幟」，一股使命感就會湧上來。因為不管是誰，都想成為被國家、團體及別人所需要的人。

例1

技術員：「我認為不是製造過程出錯，而是設計上有問題。」

董事長：「什麼？新產品馬上就要上市了，這可是個嚴重的問題。」

技術員：「是，但是如果不回收商品，等發生事故再來補救就太遲了。」

董事長：「只要把顧客反應有問題的商品，送到工廠去維修就可以了。」

技術員：「但要是被社會大眾發現了，那問題更大啊。」

董事長：「你知道全面回收要花多少錢嗎？這會危及公司的經營。」
技術員：「是、是……您說的沒錯。」
董事長：「你把你的想法跟誰說過？」
技術員：「我沒有跟任何人提過，只有跟董事長您說而已。」
董事長：「那就好，不准外傳，有問題的才送到工廠維修，懂了嗎？**這一切都是為了公司好！**」
技術員：「是，為了公司，的確只有這個方法了。」

即使是為了自己，表面上也要說是「為了大家」

就算是一條不正確的路，只要冠上「為了公司好」的名義，人就會產生犧牲小我完成大我的情操。**「大義名義、正義旗幟」可以把人往好的方向推，也可以把人推向壞的方向。**因為對自己來說利害得失很大的事，「偏見」會決定你的行動。

大義名義和正義旗幟可以賦予行動「正當性」。因此，只要有「為了自由和民主主義」的名義，連戰爭都可以發動。**在說服別人的時候，要看清對方的利害關係，賦予對方最適合他的「正當性」。**

例2

先生：「新上任的主管，驕傲自大又愛命令人，想到每天要上班就好煩！」

太太：「兒子再兩年就要大學畢業了，又不是減你薪水，你就忍一忍吧！」

先生：「也不知道哪天會被減薪，還有三年才要退休，退休金八年後才能領！」

太太：「**一切都是為了這個家**，不要衝動、都努力這麼久了，再忍耐一下吧！」

只要太太這麼一說，先生就算想放棄也不得不努力。其實本來就只是想發一下牢騷，但一被太太冠上「為了這個家忍耐」的大義名義，就只能清醒過來，覺得：「對，她說得沒錯！」**要說服自己、鼓舞自己的時候，「大義名義」也能發揮效果。**

這個方法也常被拿來作為選舉口號。「找回昔日的〇〇！」、「成為守護國民生活的一股力量。」這些都是選舉時耳熟能詳的口號，可是如果沒實際的作為，就會失去說服力，淪為被人揶揄的可笑標語。

「同情、義氣」是最有說服力的籌碼

【引起援動行動的方法】

放低姿態裝可憐，「同情心」使人主動伸出援手

在剛硬的西方表達理論中，很難看到「東方式的表達法」，其中最具代表性的就是「動之以情型」。

例1

老朋友A：「我想加盟餐飲店還差三百萬，你是我最好的兄弟，可以當我貸款的連帶保證人嗎？拜託你，只要名字借我填就好了，我不會給你添任何麻煩的。」

老朋友B：「我不過是個小小的上班族，也能當連帶保證人嗎？你是我的好朋友，我當然願意幫你，但我必須跟老婆商量一下才行。」

老朋友A：「不好意思啦，你可不可以不要問你老婆，以我跟你的交情，你只要在這份申請書上簽名蓋章，然後我的人生就能重新開始了，我們不是好兄弟嗎？拜託啦，我跟你下跪！」

老朋友B：「把頭抬起來，我知道了，我明白你的心情，幫你填就是了！」

老朋友A：「謝謝你，你果然是我一輩子的好兄弟、救命恩人！」

被公司裁員又找不到新工作的朋友如此拜託，你就心軟了，出於面子和義氣答應幫助他。連帶保證人的責任，比債務人還重，連這點都不了解就答應人家了。像這樣出於同情而幫助人的行為，在心理學上稱為「助人行為」。

收起老王賣瓜，用「悲傷的故事」博取同情

人看到有困難的人，心裡就會動搖，想著「如果我是他……」，把自己跟對方重疊在一起，想辦法要去幫助他。就算是素昧平生的人，也會忍不住想幫他，更何況是自己認識的人，心裡就會更掙扎了。

例2

酒店小姐：「我是在單親家庭長大的，其實我的夢想是想當空中小姐，但是我媽身體不好，為了照顧她，只能一直打工努力賺錢。啊，時間好像到了，您要延長時間嗎？」

客人：「好，我要延長時間。所以妳做過什麼打工呢？」

悲傷的故事不管真假都有效。因為對方會沉浸在優越感中，以上對下的態度傾聽你的煩惱，陶醉於自己做的善行。想跟主管拉近距離的人，與其誇耀得意事蹟，倒不如說自己的辛酸際遇，更能讓主管對你產生好印象。

「不幸的故事」更能創造好印象

經驗告訴我們，先讓步的人才是最後贏家

【報答性原理】

一開始設定標準較高的「假條件」，可以爭取到更多好處

在西方的交涉守則中，提到以下這些「交涉的要訣」：

❶ 不能告訴對方不利於我方的資訊。

❷ 一開始先提出標準較高的條件，之後再逐漸讓步。

❸ 如果讓對方先提條件，主導權就會被搶走，所以盡量由我方先提條件。

❹ 以關鍵人物（有決定權的人）為對象進行交涉。

❺ 在自己的地盤進行交涉，避免在陌生的場所談話。

❻ 對交涉不預設期限；就算有期限，也不要告訴對方。

❼比起「贏」，「不能輸」更重要，目標是雙贏關係。

這些要訣不講情面，態度非常強勢。重視人情的東方社會，對於部分內容或許並不贊同；但其實這些守則很重視合理性，可讓人聯想到堅強無情的談判專家。如果要成為一位交涉專家，從這份「交涉的要訣」可以學到很多。

交涉要訣第二點「一開始提出標準較高的條件，之後再逐漸讓步」，跟接下來要談的心理技巧「以退為進法」非常類似。有一點不同的是，標準較高的條件與其說是為了讓步而存在，倒不如說是一開始就是為了被拒絕而存在的「假條件」。

故意先讓別人拒絕，之後的請求一切好說

我們先來看看在實際生活中，該如何運用這項技巧：

例1

店員：「這邊一台六萬的電腦，最符合您的需求。」

顧客：「我買不起六萬的電腦，對我來說太貴了。」

店員：「**太貴啊，那麼，這邊一台二萬九千八百元的怎麼樣？**」

顧客：「嗯，價格在三萬元以下，而且功能也不錯，我決定買這台了！」

例2

兒子：「爸爸，電動推出了很棒的新遊戲，可不可以買給我？」

父親：「不行，我不是才剛買新的遊戲給你？」

兒子：「哦，**那可不可以買漫畫給我？**」

父親：「漫畫啊？只有漫畫的話可以。」

例3

同事A：「拜託你，可以在發薪日前借我五萬塊嗎？」

同事B：「開玩笑？我哪有五萬能借你，我自己也窮得要命。」

同事A：「這樣啊，**那只要一萬塊就好了，可以借我嗎？**」

同事B：「一萬塊的話還可以，但發薪日之前一定要還我唷！」

不管是哪一種情形，重點都是**先提出比較難的請求，故意讓別人拒絕。**表現出因被拒絕而失望的樣子，**稍微刺激一下對方的罪惡感，然後再馬上提出讓步的小要求。**根據「報答性原理」，對方很容易接受你新的要求。

有求必應的「骨牌式提問法」

【一貫性、階段性拜託法的應用】

〞拜託別人幫忙時，「得寸進尺」非常有用

「你現在有一點時間嗎？」不管是誰都會回答：「有啊，怎麼了？」對於小小的請託，人們很容易覺得「不過是一點小忙，幫他好了」，這叫做「最低要求」。

有事要找很忙的主管時：「部長，只要一分鐘就好，可以借一分鐘說話嗎？」主管雖然會碎碎念，但還是會聽你要說什麼。這是很好用的台詞，可以輕易讓你「插隊」。

對方答應幫個「小忙」後，你可以試著再拜託：「那能再請你幫另一個小忙嗎？」大部分的人都會答應。因為這是人類的本性，在第68頁介紹過的「一貫性原理」會產生作用，回答一次「好」後，面對下一個要求也會跟著說「好」。

利用這項心理作用，我們要先以最小的要求獲得對方承諾，然後再提出稍大一點的要求。以這樣的形式，**讓自己的要求像骨牌般全盤被接受，這項說服法叫做「得寸進尺策略」（階段式拜託法）。**服飾店的店員問你：「要不要套套看？」先讓你穿好上衣「哇！好合身，要不要搭件褲子試試？」再讓你換上褲子「哇！好適合你，穿起來好時尚！」然後讓你結帳付錢，這種手法很常看到。

”關鍵在於能否一開始就讓對方說「好」

這個說服法，不管你是否注意到，在任何場合都看得見：

例1

義工：「只需要十秒鐘，請幫我們署名，支持社區綠化！」

路人：「好啊，只要在這裡寫名字跟住址就可以了吧。我寫好了。」

義工：「謝謝您，另外只要捐一百元就能幫助環境綠化，請多多幫忙。」

路人：「捐款啊，好、好，一百元給你。」

例2

男生：「今天心情很好，我們來牽手吧！」

女生：「牽手？怎麼跟小朋友一樣？」

男生：「沒有人在看，順便抱一下吧。」

女生：「還要抱一下？你今天真的好孩子氣唷。」

例3

主管：「你要下班了嗎？能不能幫忙摺一下資料？只要一百張就好了。」

下屬：「好，沒問題，小事一樁。摺三摺可以嗎？」

主管：「三摺可以，如果能順便幫我貼上郵票、丟進郵筒那就更好了！」

下屬：「好，我知道了，啊！這個信封要自己塗膠水才行。」

主管：「嗯，不好意思麻煩你這麼多事，寫有公司住址的貼紙也幫我貼一下。」

下屬：「好，請問貼紙在哪裡？」

主管：「啊，貼紙還沒做，麻煩你設定一下紙張大小，用印表機印出來。」

下屬：「好，那個……這些今天一定要寄出去嗎？」

主管：「對，你真機靈。」

下屬：「沒有，您過獎了。」（內心獨白：完蛋了！今天約會要遲到了。）

像這樣一個接著一個要求，讓對方都接受。相對地，自己也要小心不能照單全收。

Chapter

3

如魚得水的 10 種職場應對方法

洞悉超説服心理學，99%的人都會聽你的

「為什麼你會這麼想？」讓推辭藉口失效

【NLP式、名詞解構指導】

”很多「煩惱」是經過簡化而幻想出來的

人的煩惱大致上可分成四種：

❶ 人際關係的煩惱
❷ 金錢煩惱
❸ 健康煩惱
❹ 因未來而煩惱

這些範疇的問題，在你煩惱過後，都能歸納成一句話，也就是把各式各樣的煩惱以「××的問題」、「××的事」來表現。這個過程叫做「名詞化」，透過名詞化，把本來以動詞表現的具體形象「誰對誰做××」給抽象化。

於是，**原本應該掌握煩惱本質的語句被「省略、歪曲、一般化」，最後總結成個人**

幻想不斷膨脹而成的負面感受，導致不管本人還是旁人，都會變得看不清問題的本質。

「這個工作機會很難得，但我『很怕數字』所以無法勝任，請容我婉拒。」

「我因為『家庭問題』無法繼續工作，請讓我辭職。」

很怕數字的「能力問題」以及「家庭問題」，乍看之下像是無法解決，但若要說這些理由是否有掌握到問題的本質，其實都太籠統含糊了。所以此時就需要客觀的分析，思考「自己是不是做了錯誤的選擇？」

”提問使人「客觀」看待問題，消除拒絕的理由

根據一種名為「神經語言程式學」（Neuro Linguistic Programing，NLP）的語言分析研究法，這時候可以問對方：「為什麼你會這麼想？」已經成形的價值觀，看起來像是無法扭轉，但你反而要進行深入驗證。藉由詢問「為什麼你會這麼想？」嘗試將事情動詞化，變成「誰對誰做××」，來讓名詞崩解。

例1 對方：「這個工作機會很難得，但我『很怕數字』，所以無法勝任這項工作。」

回話：「為什麼你會這麼想呢？」

對方：「因為以前算估價單的時候，曾經發生好幾次數字不合的情形，而且念書的時候，最不擅長的科目就是數學。」

回話：「我想你不是害怕數字跟數學，只是不擅長精細的計算而已，這才是問題所在，我認為這和數學思考是不同的。」

對方：「單純是計算的問題？是這樣嗎？」

回話：「你用計算機的時候，只用一根手指對吧？這樣很容易輸入錯誤，只不過是如此，哪是害怕數字？你想太多了啦。」

例2

下屬：「我因為『家庭問題』無法繼續工作。」

主管：「為什麼你會這麼想？是家裡的誰怎麼了嗎？」

下屬：「我的父母都臥病在床，只靠看護實在照顧不來。」

主管：「你可以考慮跟社福相關單位商量，說不定可以找到解決的辦法。」

下屬：「嗯，或許您說的對，請讓我再想一想。」

停止別人悲觀的幻想，成功說服人最有效辦法就是去「問」他。

創造偶然的相聚，就能順利接近異性

【暗示幸福未來的洗腦效果】

告白太快注定失敗，利用「查瓊克定律」慢慢接近對方

看到美麗、可愛的女生，男生都會怦然心動。外貌所產生的「光環效應」，會讓女生整個人看起來像是會發出光芒，瞬間擄獲男生的心。尤其當女生是自己喜歡的類型時，心就會越來越發燙。

男性在無意識的狀態下性慾望受到刺激，因此只要看到心儀的女生，心臟就會撲通撲通跳。不管是她的動作，還是她說話的方式，她的一切你都喜歡，透過你眼睛全都被美化了，心理學稱為「結晶作用」。接著，男生就會鼓起勇氣告白。

例1 男生：「那個……我喜歡妳，請跟我約會！」

女生：「不好意思，我已經有男朋友了。」

男生就這樣輕易戰敗了。即使對方沒有男朋友，恐怕結果也一樣吧？因為他沒有注意女生的心情，採取了失敗機率比較高的追求方法。誠實面對自己的感情，直接告白的做法很像男子漢；但對女生來說，被不熟的男生告白，只會產生「警戒心」而已。

不想失敗的話，就該**採取慢慢縮小包圍網的方式，慢慢接近女生，避免讓她產生「警戒心」**，所以知道並實踐「查瓊克定律」很重要：

❶人對於不認識的人會以攻擊、批判、冷淡的態度來面對。

❷隨著與陌生人接觸的次數增加，好感也會油然而生，即重複「單純曝光」的效果。

❸認識對方人性化的一面時，會產生好感，例如有共通點、類似的地方等。

”悄悄進入他／她的生活，縮短距離的三大秘訣

所謂的「單純曝光」，是指盡量自然地與對方重複接觸。常常在走廊碰到時，彼此互相打招呼——類似這種情形。絕對不可以一直盯著人家看，因為這會讓人感覺不舒

服，對你產生警戒心。

動作舉止要自然，提升自己在對方心中的好感度，不知不覺中變成她的熟面孔。當有想問的事情或想借一下東西時，就可以去找她（第31頁）。此時的方法，與接近職場上處不來的人一樣。

然後，等兩人的距離逐漸自然地縮短後，只要努力去發現與對方有哪些共通點及相似處即可（第56頁）。

人際關係可以分成四個區塊：跟陌生人的「公眾關係」、跟主管和同事的「社會關係」、跟友人的「朋友關係」、跟家人及男女朋友的「親密關係」。**要從公眾關係發展到朋友關係，必須要在工作以外創造「小小生活體驗」的機會。**

譬如，午休時邀她去附近新開的餐廳吃飯、邀她陪你選某個虛構朋友的禮物。如果對方有男朋友的話，可以假裝自己也有女朋友，比較不會激起她的警戒心和罪惡感，下班後再邀她去小酌一下等等。

”多說甜言蜜語，替對方打造美好的願景

在共享這些小小的生活體驗時，你要故意不去誇獎她美麗的外貌。對美女來說，你只是在告訴她已知的事情罷了，效果很薄弱，因此要拼命誇獎她的「內在」，例如：「妳很機靈、有品味、做事很細心、有禮貌、個性好、做人評價高、小時候就很聰明吧」等等。

一直不斷誇獎她，她就會產生「自我擴大」的心理作用。使她對自己的未來開始感到信心無窮，越來越能感到幸福，而你就是讓她有這種感覺的人，所以她對你的認識會日益加深。不久之後，她的心就會朝你飛去。

刺激「內心願望」，人就會自己說服自己

【激起內發性達成動機】

”因為「夢想」，廣告再怎麼誇大都有人相信

不管是什麼樣的人，心底都潛藏著「永不結束的夢想」及「變身願望」。特別在孩童時期，更是這個樣子。

「我將來要當偶像！」

「我想當漫畫家！」

「我要當電視台主播！」

在現今網路萬能的社會，說起來可能很難讓人相信，以前在漫畫及偶像雜誌上，刊載了一堆「函授課程」的廣告，宣稱要幫人實現夢想：

「你可以變得跟李小龍一樣強！空手道函授課程」

「你也可以成為偶像！流行歌函授課程」

「藝人、主播培訓課！為期十二個月的函授課程」

「漫畫家最短速成課！專業漫畫家培訓函授課程」

「創作出賣座的流行歌和台語金曲！作詞家培訓函授課程」

即使是現在，「用函授課程要怎麼學空手道？」一樣令人百思不解，但光看這些廣告能刊載那麼久，就知道還是有很多人相信，懷抱著遠大的夢想。

”和內心深處的願望相比，「風險」一點都不重要

小時候懷抱的夢想及願望，即使長大成人以後，也依然以不同的形式存在人的心中。**這種內心的希望，在心理學上稱為「內發性達成動機」。這股欲望十分頑強，一旦受到刺激，就會湧上心頭。**

例1 星探：「這位小姐不好意思，我不是什麼怪人，這是我的名片，我是經紀公司的

董事長，敝姓曾。」

路人：「經紀公司？找我有什麼事？」

星探：「我們公司專門幫雜誌及時裝模特兒、女藝人處理經紀事務，不好意思冒昧在路上跟妳搭話，我覺得妳外貌出眾，妳要不要成為我們公司的模特兒，參加雜誌模特兒的徵選？」

路人：「咦？你是說我可以當模特兒嗎？」

例2

編輯：「李先生，雖然您這次沒有得到文藝大獎，但我認為你的作品有機會進暢銷排行榜，如果您願意負擔部分出版費用，我們可以幫忙出版。」

投稿者：「您是認真的嗎？我寫這個作品就是想要讓大眾看到。」

假設印刷一千本，投稿者大概會以出版費的名義，被要求支付一百萬元吧。

例3

主管：「小林，比起現在的工作，你原本是想在公關部工作吧？」

下屬：「是的，您同意我調部門了嗎？部長，謝謝您！」

主管：「嗯，不過你必須先去業務部工作一年，之後才能去公關部。」

如果小林不斷跟主管吵著要調職，就會被踢到另外一個部門（業務部）去。

暗示「未來會很美好」，驅使他人行動

【未來願景擴大法】

預言美好的未來，能成為對方的「救世主」

既定成本效應（第48頁）及失而復得效應（第37頁），都是藉由刺激人對於過去形象所抱持的「執著心」並說服他的方法。

「已經付出這麼多了……」的想法受到刺激，讓人執著在眼前的事物，而無法中途放手。「已經沒貨了、已經賣完了」則是刺激人的失去感，在失去稀有價值後，再度獲得事物。

過去是無法重來的，所以跟過去有關的「想法」就顯得格外珍貴。我們經常不自覺地重視過去做的判斷，執著在「一貫性」上；過去做的判斷是不是錯了？糾結於此種困

惑，將人心束縛。

這一節要介紹的說服法，不是讓人對「過去」，而是對「未來」產生執著的說服法。人對自己的未來都有種莫名的不安，這是正常的。因為對未來不安，會使人感到壓力，所以不想思考。

「說不定會遇到交通事故什麼的」——這些是你絕對不想去想的。

「雖然樂透很難中獎，但說不定我會中」——你反倒會想像對自己有利的未來，然後衝去買樂透，這才符合人性。

被人告知未來的風險，會產生較強烈的執著。相對地，**當有人暗示你未來的「幸運」時，你便會對暗示者產生「依賴感」**。

同時強調未來的風險與保障，說服力道更強

「你很機靈、你品味很好」人一旦被誇獎內在的長處，「自我擴大」的心理就會開始作用，使人產生自信，感覺未來希望無窮（第100頁）。而且，讓自己看到幸福未來的

那個人，你會想讓他看到自己更多的才能與個性，因為這種依存心理，會變得越來越依賴對方。

因此，**只要說話時同時使用暗示風險的「恐嚇表現」以及讓人產生幸福感的「保障表現」，就能帶來很強烈的說服效果。**

例1 廣告：「萬一現在突然發生意外，你的保險足以保障家人嗎？我們給你三十年的安心保障！」

例2 推銷：「以房子現在的狀況來說，只要發生震度五級的地震就會倒塌。我們的耐震補強工程，絕對讓您放心。」

舉出強烈的「好壞對比」動搖對方

聽說妳男朋友是不怎麼紅的搞笑藝人？嫁給他就要窮一輩子，這樣妳受得了嗎？
恐嚇表現
我是公務員，一輩子賺的錢累計可超過一億元。每天五點就可以準時下班陪妳，年底還有假期可以去國外旅行，妳覺得我跟他誰比較好呢？
保障表現
好像你條件比較優

例3 戀愛：「妳男朋友的公司就快倒了，我是公務員鐵飯碗，跟著我一生沒煩惱。」

一旦「不安」的感覺湧上心頭，人就會開始執著，拼命想「該怎麼辦？」恐怖的暗示會帶給人束縛。**這時只要有人給你另一種暗示，告訴你未來可以很「幸福」，我們便會不加思索地往那邊跳。**

這個跟第17頁介紹過的「限定選項」要訣相同。你無法用「YES」或「NO」來回答，不自覺地就往對方所說的「幸福遠景」走去。

善用「普世價值」，讓對方威信全失

【金科玉律的邏輯推展】

用「公理正義」反駁，四兩撥千斤當上贏家

第80頁介紹過「大義名義」的說服效果。抓住個人利害得失的弱點，舉起「一切都是為了……」的正義旗幟，讓人無法違抗而被說服，不論是善行還是惡行，所有行為都會被正當化。

本節要介紹的技巧，同樣讓人無法違抗。不同點在於，此處是以社會上的任何人都無法反對的「價值」來讓對方屈服。

例1 老師：「期末考的平均分數，女生比男生高了十五分。女生很優秀，男生的表現不行，所以這個禮拜教室與一樓廁所打掃，全由男生來負責。」

學生：「老師，為什麼要以期末考的成績來分配是男生掃還是女生掃？沒聽過有人這樣的！這太奇怪了！」

老師：「你們覺得不好嗎？我覺得以後都這樣做還蠻有趣的。」

學生：「男女合班是希望兩性平等好好相處，老師你卻要區分男女，是想造成兩性對立嗎？這在教育上來說，是有問題的吧？」

老師：「那……就取消吧！打掃分配照平常的方式做就可以了。」

在例子中可以看到老師當場受到激烈的批判，思考的框架立即被學生糾正了。這是**因為經驗法則告訴我們，當別人的主張是出於正義、普世認同的「價值」時，不要輕率反駁會比較保險。**

所謂的經驗法則，雖然不過是一種「假設思考」，但在判斷事物時，跟隨一般的判斷標準，比較不會發生問題，也比較容易區分善惡。

簡單一句話，立刻改變攻守局勢

如前例所述，「男女平權、兩性平等」這句話，擁有強大的力量。經驗法則會立即將人束縛，連一點討論的空間都沒有。在其他類似的情形中，下面這些標語，也有瞬間改變攻守局勢的效果：

「公共福利、人權、世界和平、民主自由、合理性、社會正義、一般常識、道德、法律、公益目的、公平公正、反對歧視、個人權利、個人自由、隱私權、社會奉獻、企業的社會責任……。」

當你發現對方說出牴觸這些「真理」的話，用一句「你說的違反○○吧？」就能立刻擊倒對方。因此，我們反而要特別注意，在說服別人時，會不會因為說錯話的「錯誤行為」而觸犯到這些禁忌。

根據弗洛伊德的學說，所謂的「錯誤行為」可解釋成一種無意識的作用，因某種原因造成意識不受控制，脫口說出真心話。

如果在結婚典禮致詞時，不小心說出：「今天很遺憾，請節哀」；或擔任會議主持人在開會時說：「今日的會議到此結束」那就糟了。因為別人會覺得：就是因為你心裡是這樣想，所以才會不小心說溜嘴。

例2

主管：「王小姐，妳今天也一起來應酬！有年輕女性在，客戶也會比較開心吧？」

下屬：「部長，您這是什麼意思？請問部長對慰安婦問題有什麼想法？」

主管：「妳別誤會、我沒那個意思！我是因為……。」

只要這樣，職場上的主從關係立刻逆轉。一句「這是職場暴力吧？」、「你這是性騷擾！」就能牽制住自以為是的主管。

用「先褒後貶」逆轉話術，對付驕傲的人

【運用反抗心】

「盛氣凌人」往往只是想得到肯定

自尊心過高的人，總是散發出「強勢的氣勢」。貿然與這種人接觸，反而會使自己自尊受傷。

例1

A：「張先生，不好意思，這文件上『登記簿的地號』是什麼意思？」

B：「什麼？你在總務科卻連這個都不知道？登記處是用地號來管理土地的所在地，跟一般房產是用地址表示不一樣，這是常識好不好？」

A：「呃，不好意思，順便請教一下，登記處是什麼意思？」

B：「你連登記處都不知道嗎？是地政事務所的意思，真受不了，無知也該有個

限度！這點小問題，不要一直問人，自己查吧！」

A：「對不起，因為我沒學過這個。」

B：「別人怎麼可能每件事都教你，你真被動！」

有些人抱著這種瞧不起別人的態度，所以跟周圍的人越來越疏離。自尊心人人都有，但這種感情通常是要藏在心裡的。**會像這樣往外爆發，以辱罵別人的方式來發洩，是因為本身在心裡累積了相當多自卑感的緣故。**

「我明明比其他人都更優秀。」心裡這麼想，但卻無法獲得周圍的人認同。因為沒人肯定自己的才幹，自尊無法獲得滿足而感到不快，所以才擺架子想著「我要你們更佩服我！」但這樣只會更讓人瞧不起而已。

〞奉承自以為是的人，他就能為你所用

要將這種人玩弄於股掌之間，其實很容易。只要不斷地奉承他，讓他更驕傲即可。想接近這種人的時候，就把甜言蜜語攻勢開到最強吧。

例2

A：「張先生，突然有事想請教您，要怎樣才能變得跟您一樣學識淵博呢？」

B：「這個嘛，只要像我一樣，對任何事抱持著謙虛學習的好奇心就可以了。」

A：「原來如此！所以我也學您抱著謙虛的態度就可以了嗎？」

B：「沒錯，謙虛的心是最重要的，也就是蘇格拉底所說的『無知之知』。」

A：「原來如此，順便再請教您『登記簿的地號』，這指的是什麼？」

B：「很好，你馬上就學以致用，以謙虛的態度提問。這個的意思是……。」

人們對於非常尊敬自己的人，會展現極為親切的態度。自尊心高的人都自負不凡，認為自己「○○的能力比別人優秀」、「說到○○絕對不會輸人」。

在說服這種人的時候必須「先褒後貶」，除了要誇獎他自豪的部分，最好還要帶有一點瞧不起的口氣提起目的。如此一來出於反駁的心理，他就會立刻回應你的需求。

例3

A：「張先生，您多益的成績是八百分吧？這個英文很難，可以翻譯一下嗎？」

B：「哪裡？讓我看一下。喔！這個簡單啦！這個的意思是……。」

例4

A：「聽說部長對新宿的酒店很熟，看來銀座的門檻果然比較高呢。」

B：「銀座我也很熟的，好！今天我就帶你們去大開眼界，跟我走吧！」

強迫對方「犧牲小我」的說服話術

【沉默強化的作用】

稱讚的不是自己，聽起來就像是指責

跟主管兩個人單獨吃飯時，聽到主管一直在誇獎某個同事，就會有自己被貶低的感覺。相對地，聽到主管一直在罵某個同事，也會有自己被誇獎的感覺。這個現象在心理學上被稱為「沉默的強化」，**團體中的領袖只誇獎或貶低某一特定的人時，其他的人會覺得全體都被貶低或被誇獎了。**

和朋友兩個人單獨說話時，如果對方一直誇獎彼此共同的朋友A，你一定會開始覺得不舒服，但不得已只好配合他一起誇獎朋友A。

聽到別人的美談時會去附和：「聽起來真了不起。」因為不這麼做，就會被認為是

「冷酷的人、傲慢的傢伙」，由於不想被人貼上這種標籤才跟著讚美。從自己也想被人誇獎的這點來看，跟「沉默的強化」是出於同樣的心理。

不過光榮事蹟及感人故事，跟美談在本質上並不相同，很多人分不清其中的差異。感人故事是聽了之後，心靈被洗滌淨化，內心會變得溫暖；而美談則是強調「犧牲小我」。因此**美談就跟「沉默的強化」一樣，讓人感覺自己欠缺的部分被注意到，甚至是被指責了。**

「做善事」能說動別人，是因為大家都想當好人

「小陳每天早上六點就到公司來撰寫這份企劃書，才取得A公司的合約。」

「方經理自從進公司以來，從來沒申請過加班費，是無私為公司奉獻的人。」

主管藉由製造這樣的「美談」，來對大部分的下屬施加無聲壓力。「那不就變成公司的奴隸了？」為了不被人這樣吐槽，闡揚美談的人大多會去找地位比自己低，要聽自己教誨的人來大放厥詞。

「聽起來很讓人感動吧？」雖然是用上對下的態度，但說話的當事人對「與人分享感動」覺得很滿足，一點都不在意是否讓對方感覺不自在，因為說話者陶醉於自己也是「好人」的氣氛中。

聽到以下的故事會覺得感動的人，應該要特別小心。因為你很容易就會答應別人不合理的要求或請託。

這是在從東京飛往沖繩的班機上，發生過的真實故事。在飛機上有幾個高中生在摺紙鶴，因為他們要代表學校去探望即將動手術的同學，但一千隻的紙鶴還來不及摺好。

在飛機降落前，他們非常努力摺紙鶴，希望能多摺一隻算一隻，深受感動的空服員向他們表示：「我們有時間會來幫你們一起摺。」

座艙長知道這件事後，用機內設備廣播：「機上有幾位高中生在為即將動手術的同學摺紙鶴，有乘客可以幫忙一起摺紙鶴嗎？」於是幾乎所有的乘客都舉起手來，在抵達目的地以前，代表眾人心意的千紙鶴就已經完成了。

這個故事是一個漠視其他乘客的意願與心情，「強迫行善」的成功範例。代表學校去探病，卻「來不及摺好一千隻紙鶴」，這是怎麼回事？另外，空服員表示：「我們有時間會來幫你們一起摺。」甚至廣播要其他乘客一起幫忙摺紙鶴，這樣做有沒有違反服務規則呢？讓人覺得非常不可思議。

這是從一位前空服員講述「用心待客」、「細心服務」的書中所擷取的故事，聽說是真實故事，所以很令我吃驚。想要好好休息的人以及不太會摺紙鶴的人，當時應該覺得很慌張吧？

增加曝光原則：頻繁接觸但不可過於黏人

【單純曝光效應、睡眠者效應】

”小公司可以用「勤勞」戰勝大企業的光環

中小企業的業務員在大企業的業務員面前，經常畏畏縮縮的。這是因為大企業有權威，權威代表了一切，中小企業的業務員畏懼這種「光環效應」，所以不敢正面迎戰。

社會上一般也認為大企業比中小企業值得信賴。因為相較於沒沒無名的中小企業，聲名遠播的大企業是早就聽習慣了，所以人們會如同「查瓊克定律」（第98頁）所言，以「攻擊、批判、冷淡」的態度，對待沒沒無名的小企業。

那麼，難道中小企業的業務員，永遠沒辦法贏過大企業的業務員嗎？

當然有辦法。如果不是這樣，那中小企業永遠都只是中小企業，無法發展成大企業。但事實上，大企業也都是從中小企業發展起來的。

比較一般有相同功能的商品時，中小企業的商品在價格上比大企業的商品便宜。如果只靠價格決勝負，那絕對是中小企業吃香，但講到耐用度、設計感等品質上的可靠度，大企業的商品則比較有利。

中小企業只能像打不死的蟑螂，不斷強調自家商品的優點。有句話叫「業務員靠雙腳打天下！」這正是不斷重複單純曝光，來產生「睡眠者效應」的原理。

讓商品不斷曝光，無形中催眠他人買單

「單純曝光效應」被稱為查瓊克第二定律，根據這個定律，**只要頻繁地與對方碰面，對方就會對你產生親切感。**如同你對常在電視廣告上看到的商品，會產生一股熟悉的感覺，所以去超市買東西時，就會不小心順手把它買回家。

另一個「睡眠者效應」，則是指**只要維持定期與客戶接觸，「中小企業」的不可靠印象，便會越來越薄弱。**客戶開始對業務的說詞，覺得越來越可靠。

譬如說外表看起來很窮的人，因為可信度低，所以當他跟人介紹「能成為有錢人的投資法」時，沒人會相信他；但如果他一直重複同樣的說詞，強調「一定會賺錢！」這個人可信度很低的事，就會逐漸被淡忘，而開始有人相信他。

同樣的道理，油嘴滑舌的男生在追求心儀的女生時，只要多接觸幾次，發出相同的追愛訊息，女生就會開始願意接受他。

推銷的真諦說穿了就是「死纏爛打」、**重複單純曝光**。當然，如果在中途就惹對方討厭，那就沒戲唱了，要小心維持自己的好感度，頻繁地跟對方接觸，這樣一來就連大企業也不會是你的對手。

「重複說服」能增加可信度

第三次見面
一貫的說詞
可以跟妳交換電話嗎？
妳可愛得像個天使。
又見面了，
啊！
電子信箱的話可以……
越來越相信對方

把「弱點」說成優點，說服效果驚人

【框架效應的應用】

再糟糕的事，都能用「說話技巧」美化

形容同一件事，有負面跟正面的詞彙。上下一比較馬上就可以發現，上方是負面的、下方是正面的說法：

- 態度差↕不諂媚
- 沒有存在感↕容易融入團體
- 經驗不足↕直率、單純
- 外表醜陋↕長相很有親和力
- 為人憨直↕表裡一致

- 什麼都想插一腳↕興趣廣泛
- 旁若無人↕淘氣
- 味道難吃↕吃不習慣、很獨特的味道
- 厚臉皮的人↕沒有距離感
- 奇怪、怪異↕有個性、有特色、很新奇

在服務業，擅長將詞彙變成正面詞彙的售貨員，會比較有說服力。

例1

顧客：「這台電腦好小，顏色還這麼花！看起來很難用耶。」

店員：「我們這台電腦不僅小巧，功能還是最強的。機體顏色亮眼有型，操作起來也很輕鬆唷！」

例2

顧客：「這個就是裡面裝煤油的板式暖爐嗎？不怎麼熱還這麼重！」

店員：「但因為它不會送出熱風，所以喉嚨不會乾燥。就算家裡有小朋友撞到也不會倒下，碰到板子也不會燙傷。考量安全性與安心感的話，建議您買這台暖爐。」

”圓融的說法可以給人好印象，說服更有力

找工作面試時，將言語轉換成正面詞彙能力較高的人，會比較占上風。有些壞心眼的考官會不斷舉出自己公司的缺點，藉此觀察應試者的反應，查探他們的真心話。

這種時候，不要被考官拋出的負面字眼所困，**只要能將這些負面字眼一個接一個變成正面詞彙，就能給人留下強烈的好印象，讓人覺得你是個正面思考的人。**

例3

主考官：「你為什麼會將我們這樣的小公司當作第一志願？」

面試者：「因為我很擅長團隊合作，我認為只有在員工感情好得像家人般的企業，才能發揮自己的能力，我想要感受大家一起努力的感覺。」

主考官：「其實你是想去大公司吧？因為大公司競爭激烈，所以只好屈就於我們這樣的小公司。」

面試者：「我覺得貴公司的優點，在於可以累積比大公司更多的經驗。我想要成為全方位的人才，對我來說，除了貴公司以外我不考慮其他公司。」

例4

補習班：「您也知道，大型補習班通常一班二、三百個學生，休息時間想要問老師問題，要排很久才問得到，根本不能好好提問。我們補習班採小班制，一班人數都在二十人以下，因為能一對一個別指導，所以每個學生都很有動力。能否提供細心的指導，才是決定升學考試勝敗的關鍵。」

為了要將自己本身的短處變成「長處」，必須預先建構出一個框架，不時地自我表現才行。其實小家補習班沒有名師坐鎮，因為收的學生人數少，補習費也偏貴。

引用權威名言，說服力瞬間加倍

【印象改觀作用】

自創「名言」，毫無根據的說法也能說服人

在很多場合，我們必須**用非邏輯的理由來說服對方**。

例1
先生：「妳跟我結婚就是我們家的長媳，所以妳要考慮跟我爸媽同住的事。」
太太：「為什麼嫁給長子就一定要跟公婆同住呢？」
先生：「因為這個社會就是這樣，要遵守傳統的家庭制度。」
太太：「這太沒道理了！長子、次子、三男，分遺產的時候還不是均分？」

先生提出「長媳」、「傳統的家庭制度」等，想用大義名義來說服太太，但此時太太腦中浮現的盡是「同居的壞處」，所以遲遲不肯點頭。這時就要用虛構的名言，以下

述的方式來遊說會較容易成功。

例2

先生：「妳有沒有聽過一句名言，叫做『長媳有善報』？」

太太：「我沒聽過，那是什麼意思？」

先生：「舉例來說，不是很多長媳都跟公婆一起住？所以聽說在繼承遺產時，公婆都會特別分多一點給他們，因為他們照顧公婆很辛苦。」

太太：「真的嗎？這我倒是不知道。」

先生：「而且長子因為跟父母住在一起，也比較容易得到父母的幫助。」

太太：「原來是這樣！我也常聽別人說因為公婆幫忙買二代同堂的房子，所以省去了房租的支出。」

先生：「對啊！爸媽不是說希望跟我們一起住，這是個好機會耶！」

「從以前開始就是這樣。」這句話在強調好處、哄騙別人時，十分好用。

「權威名言」為你說的話增添分量，把所有行為正當化

格言、名言及諺語等，這些詞彙十分簡潔。可以一針見血地指出事物的真理，甚至讓人感覺自古流傳下來的古訓「很有道理」，因此容易產生「迷惑效果」。

即使**不使用真正的名言或諺語，只要把詞彙包裝成像「名言」一樣，也能擁有同樣的說服力。**想不出可用的名言時，可假借權威人士的名義，編造「他說過的話」，也一樣有說服效果。

例3

主管：「你不要因為去A公司推銷沒成功，就馬上放棄。想想看，應該還有很多其他的方法！經營之神松下幸之助不是說過『失敗後停止挑戰，會真的失敗；一直努力到成功為止，就會成功』這就是在講現在的你！」

下屬：「他是這樣說過，但不過是在玩文字遊戲，都是歪理。」

主管：「歌德也說過『取笑箴言者，永無止盡的不幸會造訪』（虛構的），如果你抱持著這樣的想法，壞事會來找你唷！」

下屬：「有這種事？部長真是博學多聞，我知道了，我會好好反省的。」

主管：「對啊，以前的人不是說『信者得永生』。」

真正的名言及諺語，不只可用來說服別人，也可以套用在自己身上，幫助自己減輕罪惡感：

想要正當化自己的怠惰行為時，可以說「老天冥冥中自有安排、欲速則不達」。想要繼續偷懶的時候，可以改變想法，認為「既然錯了就錯到底」吧。失敗的時候，可以大言不慚地說：「失敗為成功之母、不屈不撓」。

所以名言還可以用來「說服自己」減輕壓力。這麼棒的技巧，不會用就太可惜了！

Chapter 4

看穿人心的 8 種心理戰術

「高超發問術」不著痕跡改變他人想法

不知不覺「貼標籤」，催眠對方無從拒絕

【活用標籤效應】

”替客人「貼標籤」的超強促銷話術

在銷售現場或很棘手的生意場合，有些很好用的話**可在不知不覺中增加你的說服力，暗示誘導效果很高。**

例1

店員：「這項產品，您只要像這樣用就十分方便。」

顧客：「哦，原來如此，忙碌的時候一定很好用。」

店員：「就是說啊，真開心遇到像您反應這麼快的客人，我的說明沒有白費。」

顧客：「真的嗎？因為我有三個小孩，我真的覺得很實用。」

店員：「小孩人數比較多，就更需要有效運用時間，做出合理的判斷了。」

你可能覺得這不過是店員在諂媚顧客的一段普通對話，但店員的話語中，其實潛藏著誘導、限制顧客行動的暗示話術。

「像您反應這麼快的顧客」↓快點積極採納我的建議。

「做出合理判斷的顧客」↓很快就決定購買的顧客。

不單單只是誇獎，**精髓在於要為對方貼上符合目的之人物「標籤」，一開始就把這當作打招呼來使用。**當有人幫你貼上「好標籤」時，沒有人會想自己把它撕下來。

「楊先生很親切，常受您照顧。」↓今天也請多多關照。

「方課長做事最果決，要麻煩您做決定了。」↓請立刻決定！

”搶先說「我相信您一定會同意」，是一種催眠話術

向對方表達意見時，可以先講自己的臆測「我想您也一定會贊成。」如果你問他「你反對嗎？」或許他會說「我反對」，不過一旦你問他「你是贊成的吧？」他受到你的期待，便會難以反對。

例2

下屬：「我相信課長您也一定會同意的，A公司交期延後的事，這回就不用違約金的方式處理，這樣可以嗎？」

主管：「喔，A公司的問題啊！嗯，好吧，就這樣做。」

例3

主管：「小陳，最近要決定案子的負責人，B公司跟C公司給你負責可以吧？」

下屬：「B公司跟C公司嗎？好，我會努力的。」

例4

同事D：「廠商送飲料過來請我們喝，E你好像喜歡喝綠茶，對不對？」

同事E：「呃，綠茶？那就綠茶吧。」（內心獨白：沒有咖啡嗎？）

不管是哪一種情形，都是用「你也同意這麼做吧？這樣可以吧？」此種斷言，來讓別人無法發出反對的聲音。**說「好」比較不容易累積壓力**，因為反對別人的意見、否定別人，自然會產生一般無形的壓力。

”洞悉人性，就能得到自己想要的答案

「盡量不和別人爭論，不想讓和平的關係起風浪。」因為心中這樣想，所以一不小心就會中了對方的計，被別人牽著鼻子走。

即使是強勢、習慣主張自己意見的人，在被人突然這麼問的狀態下，也會做出正面回應說「好」。所以只要在徵求意見時，把說法改成期待正面回應的「問句」，就會得到比較多「YES」的回應。

雖然這種問法跟第17頁介紹過的「雙重束縛技巧」二選一問句很像，但這個方法則是由自己單方面讓對方說「好」的方法。

「不要太拼了」比「加油」更有激勵效果

【禁止句的效果】

”「加油打氣」反而會激怒別人

在公司等場合，對努力工作的人鼓勵說「要加油啊！要更努力啊！」是很常見的事。可是有時候對已經非常努力的人，還叫他更努力，並不是非常適切。

「我已經這麼努力了，還叫我多努力？你以為你是誰？」

「加油？你就只會在旁邊看，都不會主動幫忙！」

這種造成對方的反感的情形應該不少。明明想要鼓勵對方卻鼓勵不成，反而成為對方發洩怒火的對象，變成「狗咬呂洞賓，不識好人心」。

你對交涉的另一方，也會想說「請繼續努力！」鼓勵他，但若因此讓對方有「被強迫要努力」的感覺，那就是反效果了。所以要改變說詞，讓他主動想努力。

「不要努力過頭了！我比較擔心你的健康。」

如果別人這樣跟你說，你會怎麼想？一定會很高興，反而更想努力對吧。**因為人只要聽到禁止自己去做某事的「禁止句」，很不可思議地就會產生反抗心，出現想要抵抗的想法。**

用「不可以」的關心語氣，操縱對方付出更多

當有人說：「不可以看！」你反而會想看；當有人說：「不可以去！」你會更想去，這就是人的心理。

以前在美國波士頓，有一部描寫殘暴羅馬皇帝的電影，由於內容過於兇殘而被禁止上映，當時波士頓市民還特別跑到隔壁市去看。於是在那之後，即使違反「禁令」也要採取行動的反抗心理，就以羅馬皇帝的名字命名，稱為「卡里古拉效應」。

所以，一旦有人命令你：「停下來、不准做、不准玩、不准睡、不准看、不准聽、

不准去、不准頂嘴、別裝傻」等，禁止你做某件事，你反而想採取反抗行動。

說得太直接，會造成反效果。**如果想要讓自己說話更有說服力，就要反過來利用這種心理，用「限制的說法」**。因為，限制的說法會立刻變成「貼心」的語言。

「不用那麼努力、不要太拚了、不要拚過頭了！」↓會讓人想更努力。

「不要太用功了、用功到適當的程度就可以了！」↓會讓人想拼命用功。

將說話方式改成「設限的禁止句」，將有助於你操縱人心。

「越禁止越想反抗」的人類心理

千萬別愛上我唷！
我是浪子，喜歡探索新的世界！
糟糕！我更喜歡他了……

善用「傳聞」的力量，說服絕不失敗

【活用溫莎效應】

對方心情不佳，說再多好聽話都不會成功

成功說服人的關鍵之一，在於時機：

❶人在感到舒適自在、快樂開心時，比較容易被說動。

❷人在健康狀態佳、頭腦清晰時，比較容易成功說服別人。

身體感覺不舒服的時候，雖然有在聽別人講話，但內容就是進不到腦海中。因為比起對方的事，注意力更容易集中在自己的身體不適上，所以會不想做出同意或拒絕的判斷。對於別人的說詞，你都採取防禦、消極否定的心理，所以不容易被說服。

另一方面，當你健康狀態好、頭腦清晰時，會感覺自己充滿活力。有辦法做戰略性

的思考，思考要用什麼方法才能讓對方上鉤。所以能夠表現得很靈活，有餘力一邊注意對方的心情，一邊說服對方。

具備上述條件之後，才可以去說服別人。**至少在對方身體感覺不適、心情不好時接近他，再怎麼努力說服都不會有效。不管你拜託對方什麼，都很容易被拒絕。**

不只要推測對方的狀態，挑選他狀態好的時機；更重要的是，要讓對方聽了你的話之後，心情能變得更好。也就是說，雖然跟對方說「有件事想拜託你、有點事想跟你商量」，給他一些時間做心理準備也很重要，但在那之前還有其他該做的事。

”用第三者的讚美，降低說服難度

接近對方想取悅他的話，可以將在某處聽到關於他好的傳聞及風評，轉述給他聽。

例1

A：「許先生，聽說您在上禮拜的保齡球大賽得到冠軍？」

B：「對啊，碰巧只是運氣比較好而已。」

A：「不過參賽的二十三個人都是箇中好手吧？您真的很厲害！」

B：「之前有和家人一起去保齡球館練習，可能練習真的有用吧。」
A：「真不愧是體育萬能的許先生。對了！有一件事要請教您。」
B：「什麼事？是X公司客訴的事情嗎？」
A：「就是那件事，一發不可收拾，我想若能拜託您處理的話……。」
B：「沒問題，我早就習慣處理這種事了，交給我吧！」

先讓對方心情愉悅，才提出要求的話，對方會因為不想破壞好心情而答應。選在對方心情差的時候提起，他很有可能延後回覆、或打迷糊仗暫不決定。當手邊沒有好的傳聞可用時，你也可以利用已知的資訊或「大家說」，來製造假的傳聞，譬如說：

例2

「好久以前，我忘了是從誰那裡聽到，聽說紀先生您對於○○的事很熟？」

「之前聽某個人誇獎過你……。」

「之前大家一起喝酒時，每個人都說李課長是能力最好、最受歡迎的主管。」

只是轉達這種假的傳聞，就能讓對方的表情變得柔和。

這在心理學上叫做「溫莎效應」，比起直接稱讚對方，透過第三者稱讚他，更能讓他覺得是真的，而打從心底感到開心。即使傳聞是編造的，也沒有關係。

隨時有「備案」，就能增加成功機率

【活用框架效應】

一直提出新方案，增加對方的「罪惡感」

在第86頁介紹過「以退為進法」，是一開始先要求困難度比較高的事，被拒絕後表現出失望，然後立即要求較簡單的事，來讓對方答應。

一開始提出的要求，是為了被拒絕而提出的假條件；但在本節要介紹的方法，則是**預先準備不同的方案，每被拒絕一次就提出新的方案，直到最後對方接受為止。**

例1

我方：「採用這套軟體的公司，每個月結算都變得很輕鬆。」

對方：「的確是很方便，但一次付清的話，因為金額太高恐怕沒有辦法，會超出這一期的預算。」

我方：「也可以簽租賃契約，這樣就不用折舊，可直接列為每個月的開銷。」

對方：「那如果中途解約，反而會變更貴吧？」

我方：「目前為止，沒有任何一家企業中途解約，大家都很滿意。」

對方：「這樣啊，不過我們公司之前沒這種先例，所以租賃的提案在會議上可能無法通過。」

我方：「那麼改用別的方法如何？我們有三個月的試用方案，非常划算喔。」

對方：「有這種方法？細節是怎麼樣的呢？」

乍看之下很像「以退為進法」，但其實在一邊改變要求框架，一邊找出對方可接受的條件這點上，兩者並不一樣。

為了將商品銷售出去，事先準備「現金一次付清、分期付款、租賃契約、試用」等多種方案，窮追不捨直到對方說好為止。只要最後能讓對方答應「試用」，就能獲得跟「低飛球詐術」（第68頁）一樣的結果。

”見招拆招，把「NO」變成「YES」

為了誘使對方說出「YES」，盡可能準備越多的選擇方案越好，你不斷提出新的建議，**對方也會因為一直拒絕而感到煩躁，同時也會感覺到你在讓步，然後激發出他的「罪惡感」**。

例2

兒子：「爸爸，這次的暑假我想去長崎的豪斯登堡玩。」

爸爸：「我也想去，但可能請不到連假，所以沒辦法去喔。」

兒子：「那改去富士野生動物園好了！」

爸爸：「我們家沒有車，有點困難。」

兒子：「那去迪士尼海洋樂園好不好？」

爸爸：「春假的時候不是才剛去過遊樂園？等你升上高年級我們再去迪士尼海洋樂園吧！」

兒子：「那去夏威夷度假村好不好？有免費巴士接送耶！」

爸爸：「嗯，附近就可以搭車，感覺挺方便的，那就去那裡吧！」

兒子：「太棒了！現在已經有五個主題公園了，那裡的自助餐菜色超多喔！」

爸爸：「那裡變得這麼棒啦？真是不去不行了！」

「在眾多選項中，選出條件最好的一個。」因為在交涉過程中加深了這樣的印象，所以選擇「YES」的滿足感也會增加。

不過，如果你因為準備了很多選項，一開始就把這些選項通通提供給對方的話，反而會失敗。**人一下子面對太多選項，大腦會產生混亂，最後就選不出來了。一定要一個接著一個告訴對方，前一個被拒絕了，再提議下一個。**

當對方將不願意接受的理由、否定的條件一一提出後，要反過來肯定對方否定的理由，然後用「所以才更要……」來乘勝追擊，而且最好將這兩個技巧一起搭配使用（見第29頁）。

用「試探問句」代替命令與指責

【試探性的問法】

別用「命令」語氣與人溝通，即使是下屬也一樣

拜託別人事情時，如果以上對下的態度直接表達，反而會造成對方反感。

例1

主管：「小蔡，要跟A公司做簡報的資料，準備好了嗎？」

下屬：「還沒做好，因為課長您前天才指示要做。」

主管：「動作太慢了，要盡快完成！這樣我就不能分配別的事給你了。」

下屬：「週末之前可以完成，如果很急，請一開始就說是急件。」

主管：「我沒說嗎？但通常要馬上就做好的。」

下屬：「因為現在正忙著準備展示會，實在是沒辦法。」

主管：「不要把責任推給展示會，每個人都很忙！」

主管不開心，下屬也不開心，就這樣慢慢形成最差勁的上下關係。話說回來，原因其實是出在主管這邊。因為主管分派工作給部下時，並沒有好好確認交期。

此外，**在拜託人做事情時，「請託」比「命令」來得理想，而且要盡量用試探意願的方法交付工作，才不會傷到對方的自尊心。**

例2

主管：「小蔡，我想讓你做A公司的簡報資料，你需要多少時間？」

下屬：「這禮拜忙著準備展場的事，我想週末之前應該可以。」

主管：「這樣啊！不好意思，因為這個簡報急著要用，能不能更早完成？」

下屬：「我知道了，那我拚拚看，看能不能週三交出來，這樣可以嗎？」

主管：「如果能這樣就太好了！那就麻煩你囉，謝謝！」

當別人問你「需要多少時間？」才能完成工作，你會有受到尊重的感覺，因而採取傾聽意見的態度。這種狀況下，「報答性原理」也會產生作用，讓你想要**以善意回報對方的善意**。這種你來我往的言詞稍微不同，就能促進人與人之間的良好溝通。

用「試探提問」取代指責，和平制止他人的不當行為

有人看到別人行為不當時，會以嚴厲的態度去指責別人，其實這是很危險的。

例1

A：「喂！先生，這裡不能停車，你不把車移走，我就要叫警察來開罰單唷！」

B：「你說什麼？我只不過臨停一下而已，你以為你是誰？」

例2

A：「不好意思，這裡是禁菸區。你沒看到標示嗎？這裡禁止抽菸。」

B：「真囉嗦！我又沒給任何人添麻煩，別多管閒事！」

行為不當的人，都會自覺「自己正在做的事是不對的」。但一旦被別人指責，就會覺得自己的人格受到否定。出於這樣的反感，內心會湧現一股特別想反抗對方的感覺。所以直接以上對下的態度要求對方停止行為，反而會導致反效果，此時更應該採取「試探性的問法」。

「請問，您的車還會在這裡停多久？」

「請問，您還會在這裡抽多久的菸？」

只是這樣禮貌性的詢問，就能將你的想法傳達給對方。

暗示「我很懂你」，也是一種心理戰術

【活用巴納姆效應】

”活用算命師的技巧，讓人乖乖聽話

算命師說的話對算命的人很有說服力，是在算命的人認為「自己被看穿了」的時候。因為算命師讓人產生「權威＝畏懼」的感覺。

算命的人以為自己「內心被看透了」時，會一邊猶豫著要不要把自己心裡的秘密全都告訴算命師，一邊越說越多，希望算命師能更了解自己。這全是因為算命的人覺得算命師有「權威」，而屈服在他的權威之下。

所以才會相信毫無關係的算命師之言，甚至連行動都被輕易操縱。**像這樣深深信賴對方，連一絲警戒心都沒有的心理行為，叫做「投契關係（深層信賴）的建立」。**

一般人最容易建立「投契關係」的場合，通常是在接觸醫院的醫師、護理師，以及在路上看到警察、消防員等穿著工作制服的人的時候。**感覺到對方的「權威」，所以服從對方的指示。**

在醫療院所，假設有一個帶著聽診器、穿白衣的人跟你說：「你需要打針。」一般人應該不會有任何懷疑，就伸出手臂讓他打針。因為你不會去想這個人是「假冒」的。

很明顯地只要能形成這樣的「投契關係」，在說服人時就會十分順利。**因為人對於有「權威」的人，會產生「從屬心理」。**結果，你的行為就會被別人給控制。

”描述普遍的情況，暗示對方「我很懂你」

算命師會用一項名為「巴納姆效應」（佛瑞效應）的心理技巧，來跟所有客人形成「投契關係」。他會正經八百地詢問客人的生辰八字，觀察手相、面相等，是因為想要裝出一副十分專注在思考客人命運的樣子。

然後再把每個人都有的情形，說得像是只有來算命的那個人才有。

「你感覺很孤獨吧？」

「你現在正為人際關係而煩惱吧？」

一邊觀察客人的反應，一邊指出他內在的不安，等待客人「自己傾訴」，接下來只要靈活應對，就大功告成了。這樣的心理技巧，在日常生活中就可以運用。你只需要裝出一副已經看穿對方的樣子，說出：「真正的你其實是……」這句台詞即可。

「真正的你其實是很怕寂寞的。」

「真正的你其實是很重感情的。」

「真正的你其實是很敏感脆弱的。」

人對於自己外表給人的印象，多多少少有點自覺。因此，被人指出與外表印象不同的事時，就會以為自己的內在被人看清了。常講笑話讓其他人開心的人，都以「開朗、樂觀的人」自居，如果你泰然自若地對他說：「其實你感覺很孤獨吧？」他一定會大吃一驚，儘管每個人都會有同樣的問題。

一想到自己的內在被人看透了，就會對看透自己的人感到畏懼。而在無意識的狀態下，相信對方說的話，並對他唯命是從。

有求於人時，「裝可憐」最好用

【援助行動的刺激效果】

不正當的理由，也可以激起陌生人的同情心

在路上常看到情侶並排走路聊天，把人行道堵住。趕時間的時候，遇到這種情侶應該會覺得很生氣吧？想走在他們前面，又越不過去。這種時候，你會怎麼做呢？

❶ 默默地跟在後頭，等前面的兩個人沒並排時，再穿過去。

❷ 看到兩個人之間一有點空隙就說：「借過一下！」立即從中間穿過去。

❸ 發出不爽的聲音：「借過！」硬是從兩個人中間穿過。

不管是哪一種情形，都是效率不佳又會造成自己壓力的方法。這時只要用下面的方法跟對方講，就能讓對方讓出路來給你走。

「不好意思，我在趕時間。」

「可以讓我先過嗎？我在趕時間。」

只要告訴對方你的難處，對方態度就會發生劇烈改變。這在心理學上是一個很有名的原理，**「只要說出自己的難處，對方就會答應你任性的要求」**。因為只要在陌生人面前，表現出很可憐的樣子，就會驅使對方做出「援助行動」。因為大家從小就被教導「做人的道理」，必須要同情有困難的人。

「不好意思，我急著要用，可以讓我先用影印機嗎？」

「不好意思，我肚子很痛，這個位子可不可以讓我坐一下？」

”

取得諒解的關鍵是「演技要逼真」

在工作上犯錯或是給客戶添麻煩時，只要能順利引起對方的「援助行動」，就有更大的機會獲得原諒。因為只要能讓對方了解你到底發生什麼可憐的事，他就會同情你、對你「減刑」。所以，要把「不可抗力」表現得很逼真。

「對不起，因為我家遭小偷闖空門，一片混亂所以才遲到……。」

「對不起，因為我舅舅突然生病，所以一時忘記跟公司聯絡……。」

就算是很火大的人，只要想到如果自己是你也沒辦法，就會放棄責備你。災害、疾病、事故、攸關性命的意外等，都具有說服力。做不當行為被人以「現行犯」逮到時，也可以用這樣的藉口。

「對不起，可以停一下車嗎？我太太懷孕開始陣痛了！」

如果一邊演戲一邊竊笑，被對方發現就會惹怒對方，所以演技必須非常逼真。

把憤怒變成「同情」的妙招

對不起，我有膀胱方面的疾病，如果不及時排出，可能會失去意識……。
咦？真的嗎？
拿你沒辦法，好可憐

營造「隨便聊聊」的氣氛，讓他越說越多

【假設問句的威力】

蒐集情報的套話高招：用假設語氣發問

跟個人隱私有關的事，都很難問出口。像是年收入、學經歷、家族成員、婚姻狀態、是否離過婚、有無負債和負債金額多寡、公司大小跟業績好壞等。因為大家都覺得只要一跟對方吐實，對方就會憑這些來判斷你是否屬於「人生勝利組」，跟對方的上下地位和立場便會固定下來。

「不想被對方看扁！」越是這樣想的人，他的防衛心就越重。

另一方面，想要炫耀自己是具有優勢的人，則會先故弄玄虛讓別人發問，然後再開始炫耀自己的事。

例1

A：「我年輕時沒住在國內，所以當時流行什麼，我完全不知道。」

B：「你到國外流浪了嗎？」

A：「不是，我去美國的哥倫比亞大學念書。」

B：「哇！你好棒、真厲害，你們家……。」

這種人只要稍微吹捧他一下，自己就會講得滔滔不絕，不太需要傷腦筋。

另一方面，要讓防衛心重的人完全敞開心房則比較難，但只要稍微用一點小技巧，就能逐漸摸清這種人。**採用「譬如說、假設說」等假設性的開場白，就能讓對方誤以為只是隨便聊聊，而不小心說出真話。**

例2

A：「我只是隨口問問而已喔，譬如說四十歲的人，在貴公司的年收入可以有三百萬嗎？」

B：「以前的薪水才會這麼高，現在要四十五歲才能勉強領到這個數字。」

打探消息或個人隱私時，放鬆戒心的提問法

就算對方沒有把這段談話當作是假設性的談話，也沒有關係。因為你在一開頭使用了假設性的開場白，他不會感覺你問得很直接，而是會產生錯覺，覺得隨便回答就可以了，所以很容易鬆懈而講出真心話。

例3
業務員：「我隨口問問而已，你們公司產品的成本，應該不到十%吧？」
廠商：「沒那麼低啦！大概在十三%～十四%左右。」

例4
主管：「我隨便問問的，你也做過這種事吧，像是翹班打瞌睡什麼的？」
下屬：「這個嘛，其實剛進公司的時候，還蠻常偷溜回家睡懶覺的。」

「該不會？」這句台詞也有一樣的套話效果，能讓對方一時不察誠實回答問題。

例5
業務員：「總經理該不會是超一流大學畢業的吧？」
總經理：「呵呵，我看起來像嗎？我只有國中畢業而已，全靠自己白手起家！」

例6
下屬：「以愛老婆而聞名的部長，該不會也有出軌的經驗吧？」
主管：「哎呀，年輕的時候常被太太抓包，吵到屋頂都要掀起來了！」

用這種方式讓對方說出真心話，先單點突破再全面展開，話題的範圍會越來越廣，他就會對你坦誠以對。

在一般對話中想要逼出對方的真心話時，最好不要說：

「你只要跟我們說，你能告訴我們的事就可以了。」

「只要大概的內容就可以了。」

用這種方法套話，反倒會讓人產生戒心。如果不能非常自然地讓對方上鉤，就很難問出真心話。

Chapter

5

化解人際壓力的 8 個處世策略

不傷和氣，又能「加倍奉還」的反擊話術

不傷和氣、不得罪人的拒絕三步驟

【正面迎擊的拒絕法】

學習拒絕，才不會給自己壓力

當別人有求於你的時候，你明明不願意卻答應人家，就會造成自己的壓力。

「為什麼當初沒明確拒絕對方？」

「我明明就不想做這份工作，幹嘛要接下來？」

陷入無限的煩悶深淵，不斷地自責。為什麼我們沒辦法乾脆地拒絕別人呢？

「如果拒絕了，對方會很困擾……。」

「如果拒絕了，會辜負對方的期待，讓他失望……。」

因為我們總是在擔心這些事。看似在關注對方的心情與想法、尊重對方，其實只有一股腦地注意到自己內心「畏懼感」而已。

「拒絕了，會讓對方心情不好，搞不好會開始討厭我」

「我希望別人覺得我是親切的好人，拒絕就會被認為是冷漠無情的人……。」

只不過是想要努力討好所有人，這樣以自我為中心的想法，讓你無法直接將自己的意思向對方表達。

事實上直接了當地拒絕對方，並不會有任何壞事發生。日常生活裡的要求與請託，並不是工作上的「上級命令」，就算拒絕也不會產生任何問題。反倒是心裡明明不願意卻答應對方，才是對別人沒禮貌的行為。

”勇敢說「不」三步驟，讓對方不再死纏爛打

怕自己受到傷害，所以明明想拒絕，卻答應對方的請託或要求，這是在偽裝自己，而且會造成自己的壓力。裝出一副親切的樣子，答應自己不想做的事，然後又覺得痛苦，根本是自作自受。還不如拒絕對方，讓對方發現你真正的想法。然後對方也會注意

到「原來他要求的事是你不樂意的事」。

事實上拒絕別人的請託或要求，並不會造成任何問題。只不過在你拒絕以後，對方會再想別的辦法來說服你而已。這時候，千萬不能優柔寡斷。

一旦對方發現你的態度猶豫不決，他就會覺得「只要再推一把，你就會答應」。

因此在處理不樂意的事時，一定要當場明白拒絕。不可拖延跟對方說：「我想一下。」這樣只會讓對方抱著不必要的期待，認為「只要死纏爛打你就會答應」。有效拒絕的方法可分成三步驟，如果有替代方案，那就有四步驟：

第一步【道歉】——「很抱歉。」

第二步【拒絕】——「我們沒辦法降價。」

第三步【理由】——「因為是新產品。」

第四步【替代方案】——「舊產品的話，多多少少可以打一點折。」

只要照這簡單的四步驟來做，就能乾淨俐落地拒絕別人。重點在於：將要領背起來，然後對自己不願意的請託或要求，當場明白拒絕。

10秒鐘，平息對方怒火的應對話術

【運用不同調的技巧】

”下意識認錯，只會讓對方的怒火越燒越旺

要建立良好的人際溝通，絕對不能缺少「同調」（pacing）的功夫。「同調」如字面上的意思，就是要配合步調。在心理學上把pacing稱為「同調」，將dispacing稱為「不同調」。

如果對方是個講話很快的人，你回答時講話也要快；如果對方說話慢條斯理，你回答時講話也要很慢。這就叫做「同調」，通常我們都會不自覺地和對方同調。對方說話時很開心，就和他一同開心，對方講得很憤慨，就和他一起憤慨。從說話的語氣，到說話方式、態度及動作，都要配合對方來持續炒熱對話。

相反地，不去配合對方的步調叫做「不同調」。對一個說話說得興高采烈的人，如果你用冷淡的態度去回應他，那對話就會立即中斷吧？這是一項很簡單的原理，就是這樣的機制在影響溝通。

主管在對下屬破口大罵時，下屬因害怕而畏畏縮縮低頭的態度，也是在無意識中與主管「同調」。對於一個正火冒三丈的人，自己也反嗆回去，就會變成「不同調」，如此就無法建立溝通。

因此當地位或職位居上的人在生氣時，大部分的人都不會去忤逆他，只會乖乖任憑對方發飆，造成自己的壓力。因為大家都怕一旦反抗他，他可能會變得更生氣，使自己陷入不利的境地。但這樣一來，只會讓對方越來越過分，自己也會變得任由他擺布。進而被迫答應做自己不願意做的事，壓力越來越大。

被責罵時保持冷靜，對方怒火自然無處可燒

施加職場暴力的主管之所以存在，是因為有孳生這種主管的環境。問題就在於，沒有人敢忤逆這種壞主管。**為了停止主管的職場暴力，也為了避免自己的主管變成這種人，請大家先記住適度「不同調」的方法。**

例1

主管：「喂！小張，你又闖禍了，你這個蠢豬！」

下屬：「真、真抱歉。因為……那個、那個……。」

下屬頓時全身僵住，接下來就會受到一陣沒完沒了的職場暴力攻擊。像這樣因突然被罵而畏縮，可說是動物的一種本能。

通常動物發現敵人之後，因為交感神經受到刺激，會全身肌肉僵硬、血流速度加快。這是因為牠被迫要選擇接下來的行動，是要逃跑？還是要戰鬥？這種狀況下，全身都處於緊張狀態，會感到非常不愉快，正是面臨生死存亡的緊要關頭。

但身為下屬的人，既不能夠違抗主管，也不能任意逃走。這時能否像下面的例子一樣，以沉穩的態度面對主管，將是能否阻止職場暴力的關鍵。

例2

下屬：「部長，請您冷靜下來。」

主管：「你說什麼？因為你事情做不好，我才要收爛攤子！你是什麼態度！」

下屬：「部長，這裡是公司，請您說話冷靜一點。」

主管：「搞什麼！我可是很冷靜的……。」

由於主管不得已地在無意識的狀態下，要與下屬冷靜的態度「同調」。當「請冷靜！」現狀被人指出，主管也會發現自己的情緒過於亢奮而感到羞恥。

掌握三件事，搶回談判主導權

【沉默的長期持續效果】

面對討厭鬼，必須提醒自己「找回理性」

如同在前一節跟大家談過的，動物自律神經系統中的交感神經，在面對外部攻擊時會立刻產生反應。因為那是一種維持生命、維持個體的本能行動。

「逃跑或戰鬥？」為了能迅速做出判斷並採取行動，全身的肌肉會僵硬，心跳也會加快使血流變快，因而造成呼吸變淺、變快、出汗增加。跟放鬆時「副交感神經」作用的狀況相比，是完全不一樣的狀況。

然而，當兇狠的主管向你進逼時，你連選擇「逃跑或戰鬥」的自由都沒有，只能一味忍受主管單方面的攻擊，因此才會累積龐大的壓力。

這種情況不只侷限於面對暴力主管時，在面對傲慢無禮、任性妄為、自我中心、神經質、愛挖苦人、壞心眼、易怒、沒有責任感、愛說謊的人時，簡單來說就是碰到「討厭、難對付」這一類的人時，交感神經非常容易受到刺激，就如同和單戀對象相處一樣緊張。

「交感神經」受到刺激時，人會呈現興奮狀態，表現出來就是血液往腦部衝、腦袋一片空白的狀態，所以很難維持冷靜。由於失去判斷力，所以很難找到適當的言詞來反駁對方，也很難說出「不」，只能拼命回答「好」。因為你已經失去了理性，一切只能依本能行動。

當這種經驗一多，你會變得不再緊張。不過當陷入這種緊張狀態時，要藉由刺激副交感神經讓自己能冷靜下來，這點非常重要。**你必須刻意傳訊息給大腦，告訴大腦：「現在不是興奮的時候，應該要放鬆」。**

靠生理控制心理，做到三件事就能冷靜下來

緊張、興奮的時候，靠自己恢復冷靜的「體感控制」方法如下：

❶ 有意識地緩慢深呼吸，並重複進行。

❷ 紓緩全身肌肉，放鬆肩膀和手臂，呈現無力狀態。

❸ 將睜開的雙眼瞇成隙縫，像是遠眺般看眼前的人。

在此同時，體感便能將「放輕鬆」的訊號送到腦部。如果手掌有流汗，直接用衣服擦拭也可，維持手部乾燥。然後，**所謂的「體感控制」就是將眼前的人，像是在看物體般，瞇著眼睛客觀看他的衣著及五官，來**

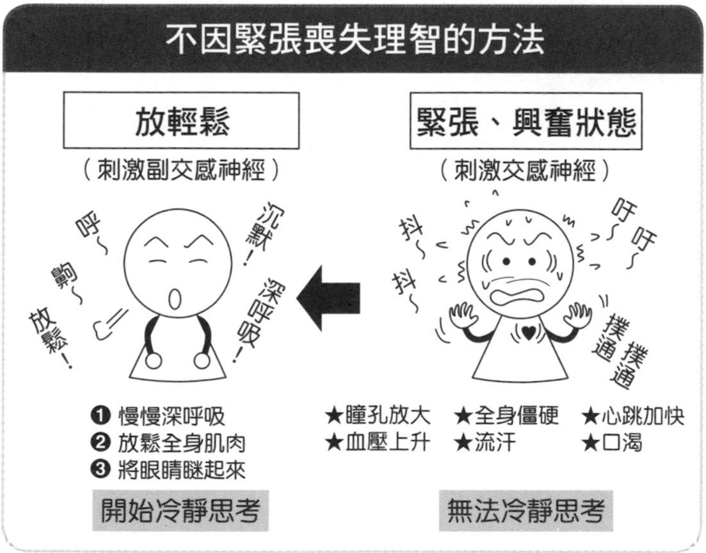

消除「恐懼」的意識。

對話出現不愉快的狀況後，能像在上一節介紹過的一樣，沉著地跟對方說：「請冷靜下來。」是最好的，但若沒有什麼自信可以做到，也可以保持「沉默」就好。

如果對方說：「你說話啊！」只有這時才回答：「是」，其餘盡量不要回應對方。

就算對方問你問題，你也不要回應，一直保持沉默。沉默就等於「沒反應」，對方會因為不知道你心裡在想什麼，而感到不安。利用這種方式，就能讓對方不得不與你冷靜的態度「同調」。

巧妙拒絕主管命令，你該這麼說

【表演不可抗力】

”

工作分配討價還價，是對自己最不利的交涉法

主管交代工作時，下屬究竟有沒有「拒絕」的權利呢？

例1

主管：「小張，以後就由你來負責A代理店的事。」

下屬：「A代理店不就是那個家惡名昭彰的公司嗎？把正品偷偷拿去賣、又習慣性賴帳。這樣的話，帳款也是要由我去收嗎？」

主管：「經過我審慎思考，發現堅強、工作又有幹勁的你最適合做這項工作。」

下屬：「您過獎了，可是我現在手上負責的代理店已經太多了。」

主管：「每個人都很忙，依我的判斷，沒人比你更適合。」

下屬：「哪有……。」

主管：「那就拜託你了！我對你可是充滿期待啊！」

下屬：「是，沒辦法，那我就接下來了。」

被主管以這種方式強迫，下屬也只能答應。如果拒絕，搞不好會被主管貼上「無心工作」、「愛反抗」的標籤，影響之後的升遷。還不如積極地接下有問題的代理店，把問題給解決，將這當作提升主管對自己印象的機會，才是一個模範上班族應有態度。

這麼一想的話，下屬不情願的態度，可說是有百害而無一利。**應該要立即回覆：「知道了，我會加油！」愉悅地接下工作才對。**主管交代的工作，是屬於業務命令。就算是「下下籤」，不管如何都應該要「欣然接受」。

口袋裡要隨時準備好「善意的謊言」，認真演出來

例2

主管：「小周，這個星期日你代替我接待S公司的人，陪他們去打高爾夫。」

下屬：「呃，這個星期日嗎？」（內心獨白：那天是我女兒的鋼琴發表會啊！）

主管：「怎麼了？你不方便嗎？因為很不巧我星期五要去香港出差。」
下屬：「沒、沒事，沒問題，好的，我去。」

例3

主管：「小林不好意思，麻煩你加班幫我把這份資料做好，明天開會要用。」
下屬：「今天嗎？」（內心獨白：今天我要跟好不容易才約到的女生吃飯耶！）
主管：「怎麼了？你不方便嗎？因為總經理突然叫我明天在董事會上報告。」
下屬：「沒、沒事，沒問題，好的，我會做。」

遇到這種事會突然慌張的人，不是一個專業的商務人士。**不專業的地方在於，平常沒準備好立刻就能成功拒絕別人的不可抗力理由。**當然，你也可以老實跟主管說內心獨白，請其他人幫忙。但是因為這些理由很弱，所以可能會被挖苦取笑一番。

為了預防這種突發狀況，平常就應該準備虛構的「不可抗力故事」。

「很抱歉，今天我要參加不久前過世的大學教授追思會，我是主辦人所以……。」

盡量編造一些悲傷的故事，如探病、喪禮等。在前面的例子中，不想接下不良的代理店時，可以先欣然接受，然後再假借家中有事為由，來推掉這項工作。

處於劣勢時，「提問」反擊殺傷力最大

【反問的反擊效果】

不要當軟柿子，別人對待你的方式都是你教他們的

有兩類人特別容易受他人使喚：「被動型（逆來順受））」和「言行輕率型」。

對於性格溫和的人、舉止缺乏穩重的人，周遭的人會很自然地「意圖控制」他們。因為溫和的人乍看之下，像是擁有崇高人格的人，但當別人發現他們順從的一面，就會覺得他們只不過是「懦弱、膽小」的人，而降低對他們的評價。

另外，說話沒規矩喜歡開玩笑的人，為了博得別人的歡心，常常被認為沒品且卑微，因而被人看扁。也就是說，**「別人對待你的方式，其實都是你教他們的」**。**在交涉及說服人的場面，一旦被對方認為是懦弱或輕浮的人，主導權就會立刻被奪走。**因為自

然而然，你就會把對方變成「主動型（積極進取）」的人。

例1 順從的人：「那個……如果價格降三成，我們公司就會虧損。」

交涉對象：「我知道了，那就請你們降兩成，這樣可以吧？」

例2 輕率的人：「可是降三成我們就虧本了，傷腦筋，這個玩笑也開太大了！」

交涉對象：「我知道了，那就降兩成，可以吧？」

人格特質一旦被對方看穿，對方就會立刻強迫你接受命令式的結論，不讓你選擇。

用「提問」反擊，就能逼迫對方停止攻勢

交涉中很重要的是要想辦法「不要居於劣勢」。不管對方地位多高，你絕對不能表現得卑躬屈膝。**必須建立五十比五十的對等關係，這是交涉中千萬不能鬆懈的事。如果做不到，就會從頭到尾一直被對方牽著鼻子走，直到交涉結束。**

例3 A：「不論如何降三成一定會虧損，您不覺得您的要求有點太過分了嗎？」

B：「是有點過分，但我們已經合作很久了，這次就麻煩配合我們一次吧？」

A：「明知道這個要求很過分，還希望我們答應？**您這是什麼意思？**」

B：「唉，不過就是希望大家能彼此幫忙共度難關，您懂我的意思吧？」

A：「不，我不懂。以這次的下單量來說，勉強只能降一成。」

「您不覺得您的要求有點太過分嗎？」對於你的問題，對方坦承：「是有點過分。」回應對方不合理說詞和無法理解的藉口，要像這樣不逃避地反問他：「您這是什麼意思？」這會成為形勢逆轉的關鍵。

人只要被問題，就會反射性、無意識地被迫回答對方的問題。因此，對方會為了要找出你可以接受的答案，而不得不暫緩攻勢。也就是說，「發問」變成你的反攻，把對方轉攻為守。

不要因對方態度傲慢而去討好他，像這樣去質問對方的立場，來讓對方了解他不對的地方，將有助於形成互相尊重對方的態度。因為當對方被質問時，他會不得不自覺到彼此是「對等的人格」。

當你被迫居於「劣勢」時，必須問對方：「您這是什麼意思？」來糾正對方的不合理之處，這是「公正型（對等、公平）」人格的一種態度。

適時「裝傻」讓談判模式回到原點

【言詞閃爍型的不同調】

”

無理取鬧的申訴，不需要站出來負責

想說服人的時候，最麻煩的就是對方閃爍其詞，把自己的事講得像是別人家的事一樣，說些「哎，該怎麼辦才好？」這類無力、不抵抗的話來防禦。

例1

A：「所以這個方案每個月最多可以節省三〇％的通信費，非常優惠。」

B：「嗯，雖然你這麼用心說明，但我還是聽不太懂。」

A：「您不了解哪個部分呢？」

B：「你問我哪裡，我也說不上來。」

A：「呃，這樣啊……。」

答非所問，沒有任何的線索，業務員也只好放棄推銷。這招在對付惡劣消費者客訴，想要獲得金錢賠償的時候，也很好用。

例2

客訴：「你就是店長嗎？你們是怎麼教員工的？」

店長：「我們公司員工態度不佳嗎？真是抱歉。」

客訴：「你以為用嘴巴道歉就可以了嗎？你要怎麼負責？你不是店長嗎？」

店長：「真對不起，雖然我是店長，但也只是掛名的，實在無法負什麼責。」

客訴：「什麼無法負責？我不管，你要做決定，該怎麼解決？」

店長：「真抱歉，可否請您留下聯絡方式，像解決問題這麼困難的事，我再請總公司跟您聯絡。」

客訴：「算了！真受不了！像你們這種店，我死也不會再來了！」

店長：「非常抱歉，還請您多多包涵。」

”只要不正面回應，交涉就不成立

因為你用這種打太極的無奈態度來應對，對方也只好敗興而歸。由於沒有正面回覆對方的問題，所以站在不留下話柄的角度來說，是一項安全對策。

和對方在議論的時候，發現自己居於劣勢快輸的時候，也可以一改態度說：「我不太清楚」、「我不知道該怎麼辦」來矇混過去。雖然是卑鄙的方法，但交涉本來就是雙方說話牛頭不對馬嘴，交涉就不成立，這不過是回到原點的一個方法而已。

例3

主管：「你知道因為你的疏失，害我們公司損失多少錢嗎？」

下屬：「我不曉得，真的非常對不起。」

主管：「你要怎麼負責？不能就這樣當作沒發生吧？」

下屬：「真的非常抱歉，我很認真地在反省。」

主管：「所以我才問你，既然你已經在反省了，你到底打算怎麼負責？」

下屬：「對、對不起，我自己也不知道該怎麼辦才好。」

主管：「這不是光道歉就可以解決的事，你要怎麼辦？」

下屬：「對不起，我真的不知道該怎麼辦。」
主管：「哼！你這傢伙，真是狡猾！」
下屬：「實在非常抱歉！」

例4

聰慧的太太也知道要對老公用這一招。偶爾要裝出疲累的樣子，讓對方操一下心。

先生：「掃除跟洗衣都才做到一半，飯也還沒煮好！妳到底在幹嘛？」
太太：「真對不起，我也不曉得怎麼會這樣。」
先生：「什麼？妳身體不舒服嗎？別做晚餐了，趕快休息，明天去醫院吧！」

迴避「熱烈追求」的成熟脫逃術

【大人的脫逃法】

宣稱「證據確鑿」，是擊退好色之徒的必要手段

年輕又有魅力的女同事，在公司十分受到男同事的歡迎。因為不斷有男同事邀約，所以有很多機會可以吃「免錢飯」，但萬一養成了只要有人邀約就答應的習慣，可能連主管也都容易會錯意。

最近很多居酒屋都有包廂，如果只有主管跟女職員兩個人，很有可能發展成下面這種情形：

例1

主管：「妳有男朋友嗎？」

女職員：「沒有，如果有不錯的人，麻煩課長幫忙介紹一下。」

主管：「妳身邊不是已經有不錯的人了。」

女職員：「哪有？在哪裡？」

主管：「就在這裡啊！我從以前就一直很喜歡妳。」

女職員：「您在開玩笑吧？您不是已經結婚了？」

主管：「結婚了又如何？沒有關係吧？」

女職員：「課長，請放開您的手，這樣以後我沒辦法再繼續尊敬您。」

主管：「原來妳很崇拜我啊？這樣就簡單多了。」

女職員：「你再繼續這樣，我要大叫了！」

雖然只要大叫對方就會停止，但會把餐廳弄得天翻地覆的。此時應該要這樣講：

女職員：「請您不要亂摸，我就怕會發生這種事，所以我早就在錄音了！」

對方上班族的本能應該會立刻甦醒，因不祥的預感而全身僵硬。

”「已經有喜歡的人了」阻斷職場上的熱烈追求

不管是不是真的有錄音都沒關係。「我有證據！」這樣一句話能讓主管膽顫心驚。腦袋會立即開始緊急運作「如果她把證據交給人事部？如果被老婆知道了？」。

另外，假設被自己沒興趣也不喜歡的客戶認真地告白時，又該怎麼辦才好呢？在不小心告訴對方「自己沒有男朋友」後，可能出現以下狀況：

例2

客戶：「姜小姐很受歡迎，妳一定有很棒的男朋友吧？」

女職員：「哪有！我怎麼可能會有男朋友！每天都被工作追著跑。」

客戶：「這樣啊，那……其實我很喜歡妳，請跟我交往！」

女職員：「怎麼會？請、請你不要開玩笑了。」

因為對方是客戶，處理不好會很麻煩。

如果直接說：「我對你沒興趣，也不喜歡你！」關係會弄得很僵。「我們先當朋友吧！」說不定對方會展開攻勢，不停地窮追猛打。「我對男生沒興趣。」可能會增添對方奇怪的想像空間。

遇到這種情況，要像下面這樣回答，然後裝出若無其事的樣子談工作的事，這才是一個大人應有的成熟舉止。

女職員：「謝謝你。我雖然沒有交往的人，但已經有喜歡的人了。」

嚇唬對方「有證據」，遏止騷擾行為

一句「我都懂」，讓下屬甘心賣命

【利用同感滿足對方的肯定需求】

”以過來人的口吻，給予新人肯定

不管是在哪一個時代，都有為理想而燃燒的熱血青年。因為他們把在學校學的「正直、誠實、公平」，當成是社會的真理正義，所以進入大人的世界沒多久，就會跟大人發生衝突。

例1

新人：「課長，我們幾間大廠商共同決定出貨價，這樣不是聯合壟斷嗎？」

課長：「是沒錯，但我們從以前就這麼做，而且大家的口風都很緊。」

新人：「這樣做不是會損害到消費者的利益？」

課長：「那麼是要公司陷入價格競爭的泥沼，倒閉也沒關係嗎？」

新人：「唯有公平競爭才能激發出創新的商品，造福大眾。」
課長：「好了！不要再講了。你調回到一般業務單位去吧！」

例2

記者：「局長，我寫的報導為什麼被刷下來了？明明您還誇獎說寫得不錯。」
局長：「嗯，因為我們登了太多反核的報導，現在局裡決定要修正一下路線。」
記者：「該不會是上級受到政府施壓了吧？」
局長：「這個嘛，反核的報導如果不適可而止，在很多方面都會有問題。」
記者：「我們跟政府勾結對吧？記者的使命又該怎麼辦呢？」
局長：「唉，像我們這麼大的報社，早在很久以前就跟政府勾結了！」

如果像前面的例子一樣，把年輕人一個接著一個排除，排除異己的你就會成為「壞人」因為他們還沒習慣大人的世界。建議你裝成「好人」，將下面的話告訴他們吧！

「你的心情我懂，我以前也是這樣想。你要好好珍惜，不要忘記你的正義感。」

” 多給年輕人肯定，他們會更投入工作

遇到堅持社會正義或某些原則的人，你會想用正面攻擊法來說服他；或是覺得爭論很麻煩，認為多說無益就直接捨棄他。但這樣一來，只會讓對方反抗得更強烈，對事情並沒有幫助。

有些不懂事的年輕人，甚至為了把自己的正義感強加給別人，還會不斷地舊事重提，反覆爭論同一件事，使情況變得更棘手。

話雖如此，也不能擺出一副「為了生活，沒辦法」無可奈何的態度，這樣一來別人會降低對你人格的評價。**此時必須正向地停止爭論，跟年輕人說：「你的心情我懂。」誇獎並肯定他們的正義感與純真的心。**

例3

下屬：「部長，這樣很不公平！為什麼只有我負責的代理店是一堆很糟的公司，這樣就算想提高業績也沒辦法啊！」

主管：「什麼叫不公平？把重要的代理店說成很糟的公司，你以為你是誰？」

不只有像這樣吵著說不公平的下屬，用各種理由控訴自己工作不合理的人，也不在

少數。遇到這樣的年輕人時，不能忘記運用「限定與稀有價值效應」（第26頁）的哄騙話術。以「只有你能做，因為是你才能安心託付」為要領，拼命地把工作推給他們：

★下屬抗議工作分配不公平時

「雖然給你增加了很多負擔，但這件工作只有你能做，只有你能託付了。」

★下屬抗議自己沒經驗，工作又困難時

「這件工作雖然感覺很難，但能拜託的只有你一個人而已。」

★下屬抗議工作內容是不擅長的領域時

「如果是你來做，一定能從工作中獲得很多成長，所以我才選你的。」

★下屬抗議接到評價很低的工作時

「正因為沒有其他人想做，我能依靠的只有你了。」

★下屬抗議工作簡單且層級低

「對你來說是大材小用，但我希望你能用你的做法，為大家做一個好示範。」

Easy 輕鬆學 輕鬆學系列025

超說服心理學

語言是一種武器。這樣說，99%的人都會聽你的

99%の人が動く!「伝え方」で困らない心理テクニック

原　　著　神岡真司
譯　　者　楊孟芳
主　　編　陳鳳如
執行編輯　洪曉萍
封面設計　張天薪
內文排版　菩薩蠻數位文化有限公司

出版發行　采實出版集團
業務部長　張純鐘
企劃業務　張世明、楊筱薔、王珉嵐
會計行政　賴思蘋、孫瑩珊
法律顧問　第一國際法律事務所 余淑杏律師
電子信箱　acme@acmebook.com.tw
采實官網　http://www.acmestore.com.tw/
采實文化粉絲團　http://www.facebook.com/acmebook

I S B N　978-986-5683-30-6
定　　價　260元
初版一刷　2014年12月31日
劃撥帳號　50148859
劃撥戶名　采實文化事業有限公司
100台北市中正區南昌路二段81號8樓
電話：（02）2397-7908
傳真：（02）2397-7997

國家圖書館出版品預行編目(CIP)資料

超說服心理學：語言是一種武器。這樣說，99%的人都會聽你的／神岡真司作；楊孟芳譯. - - 初版. - - 臺北市：采實文化, 民103.12
面；　公分. --（輕鬆學系列；25）
譯自：99%の人が動く!「伝え方」で困らない心理テクニック
ISBN 978-986-5683-30-6（平裝）

1.溝通 2.說話藝術 3.人際關係

177.1　　103022855

廣　告　回　信
台北郵局登記證
台北廣字第03720號
免　貼　郵　票

采實文化
ACME PUBLISHING
采實文化事業有限公司

100台北市中正區南昌路二段81號8樓
采實文化讀者服務部　收
讀者服務專線：(02) 2397-7908

超説服心理學

99%の人が動く!
「伝え方」で困らない心理テクニック

神岡真司 著　楊孟芳 譯

Easy 輕鬆學 系列專用回函

系列：輕鬆學025
書名：超說服心理學

讀者資料（本資料只供出版社內部建檔及寄送必要書訊使用）：

1. 姓名：
2. 性別：☐男 ☐女
3. 出生年月日：民國 年 月 日（年齡： 歲）
4. 教育程度：☐大學以上 ☐大學 ☐專科 ☐高中（職） ☐國中 ☐國小以下（含國小）
5. 聯絡地址：
6. 聯絡電話：
7. 電子郵件信箱：
8. 是否願意收到出版物相關資料：☐願意 ☐不願意

購書資訊：

1. 您在哪裡購買本書？☐金石堂（含金石堂網路書店） ☐誠品 ☐何嘉仁 ☐博客來 ☐墊腳石 ☐其他：____________（請寫書店名稱）
2. 購買本書的日期是？____年____月____日
3. 您從哪裡得到這本書的相關訊息？☐報紙廣告 ☐雜誌 ☐電視 ☐廣播 ☐親朋好友告知 ☐逛書店看到 ☐別人送的 ☐網路上看到
4. 什麼原因讓你購買本書？☐對主題感興趣 ☐被書名吸引才買的 ☐封面吸引人 ☐內容好，想買回去試看看 ☐其他：____________（請寫原因）
5. 看過書以後，您覺得本書的內容：☐很好 ☐普通 ☐差強人意 ☐應再加強 ☐不夠充實
6. 對這本書的整體包裝設計，您覺得：☐都很好 ☐封面吸引人，但內頁編排有待加強 ☐封面不夠吸引人，內頁編排很棒 ☐封面和內頁編排都有待加強 ☐封面和內頁編排都很差

寫下您對本書及出版社的建議：

1. 您最喜歡本書的特點：☐實用簡單 ☐包裝設計 ☐內容充實
2. 您最喜歡本書中的哪一個章節？原因是？

____

____

3. 本書帶給您什麼不同的觀念和幫助？

____

____

4. 人際溝通、成功勵志、說話技巧、投資理財等，您希望我們出版哪一類型的商業書籍？

____

____